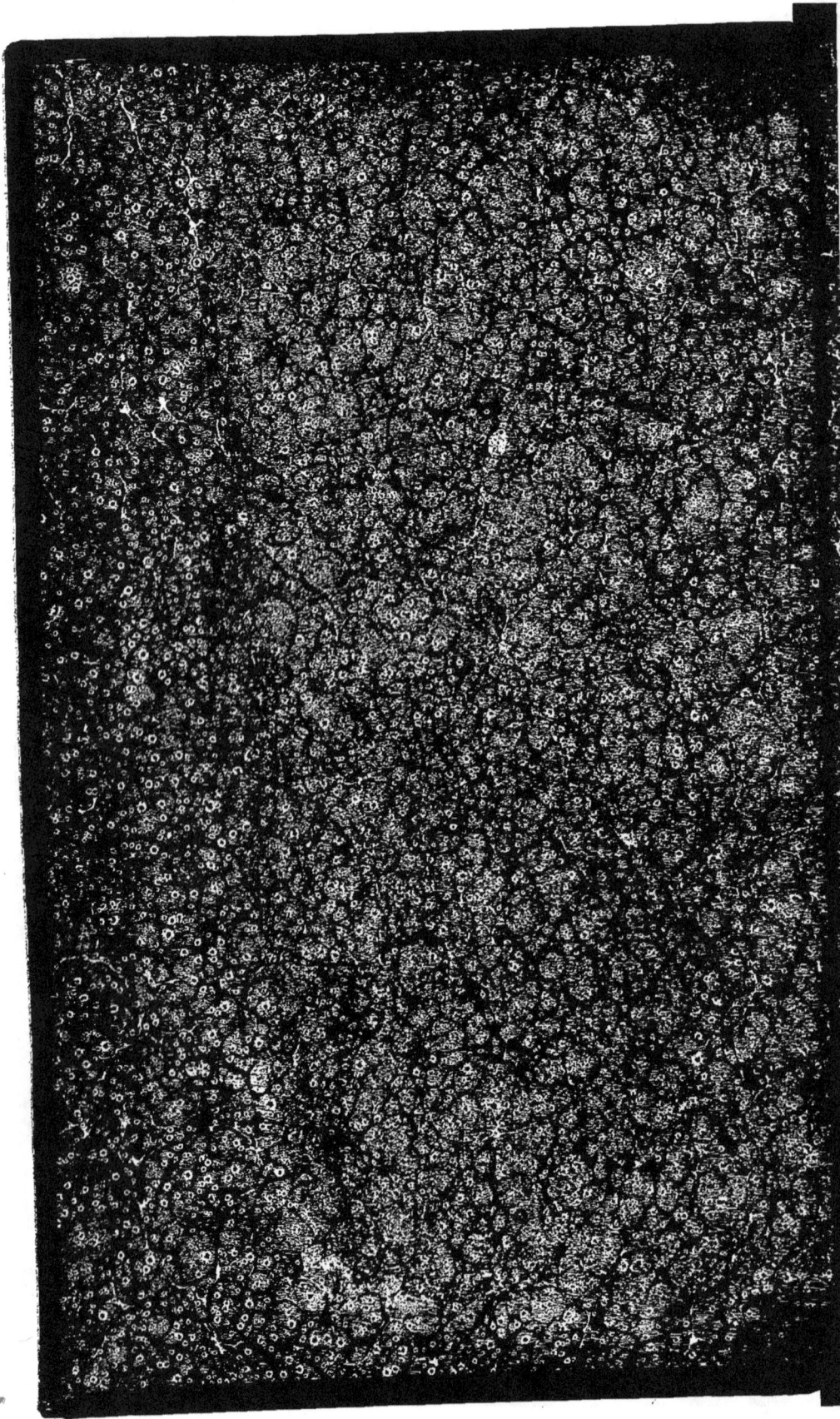

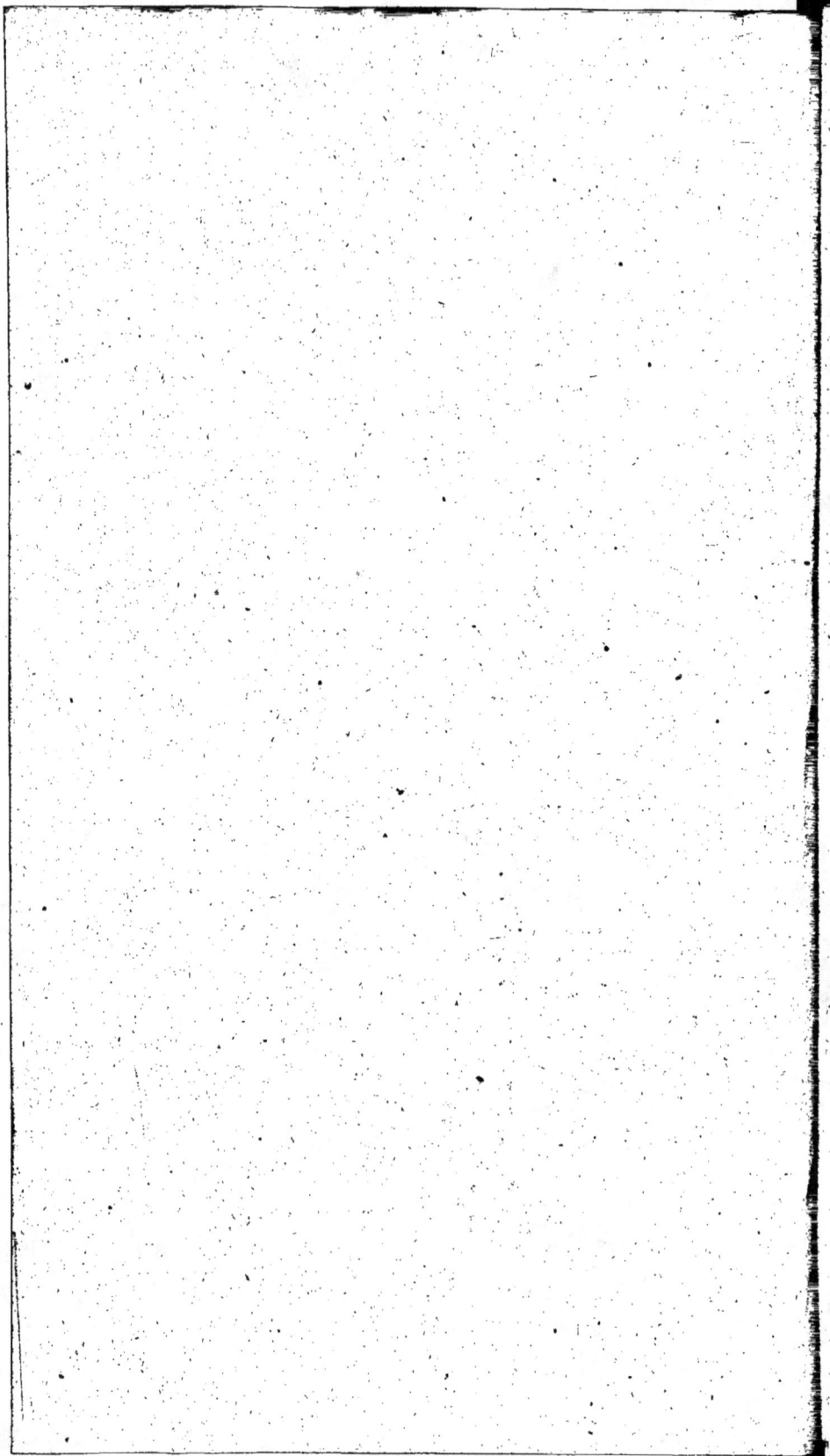

DICTIONNAIRE

ABRÉGÉ

DES DROITS D'ENREGISTREMENT,
DE TIMBRE, DE GREFFE,
ET D'HYPOTHÈQUE.

Ouvrage utile à tous les Citoyens, et notamment aux Notaires, Greffiers, Huissiers, Secrétaires d'Administrations, Avocats, Avoués et gens d'affaires.

Par un Employé de l'Administration de l'Enregistrement et des Domaines.

PRIX : 2 fr. 50 cent.

AVIGNON,
DE L'IMPRIMERIE DE SEGUIN AÎNÉ.
1818.

AVERTISSEMENT.

La loi du 28 avril 1816 ayant apporté des changemens considérables aux dispositions des lois sur l'enregistrement, le timbre et les hypothèques, il a fallu attendre le résultat de l'expérience pour reconnaître les améliorations dont elle était susceptible, et pour en fixer la législation.

Après une expérience de près de deux ans, ces améliorations ont eu lieu par l'effet de la loi du 15 mai 1818.

Pendant ce même espace de temps, la législation paraît avoir été suffisamment fixée par un grand nombre d'ordonnances, décisions ministérielles et arrêts.

On n'a donc pu choisir une époque plus utile à la publication de ce Dictionnaire, que celle où il paraît.

On croit n'avoir rien omis de ce qui peut être utile. Les officiers ministériels trouveront tracés, d'une manière succinte, claire et précise, tous les renseignemens qui leur sont journellement indispensables. C'est principalement pour eux que cet ouvrage a été rédigé; il peut leur éviter souvent des contestations, et surtout l'inconvénient d'encourir des amendes.

ABRÉVIATIONS.

Loi de frimaire	— Loi du 22 frimaire an 7.
Loi de 1816.	— Loi du 28 avril 1816.
Déc. du Min. des fin.	— Décision du Ministre des finances.
C. C.	— Code Civil.
C. de P.	— Code de Procédure.
C. de C.	— Code de Commerce.
Ar.	— Arrêt.
Décr.	— Décret.
Déc.	— Décision.
Ord.	— Ordonnance.
V.	— Voyez.

A

ABANDONNEMENT *de biens*, *soit volontaire*, *soit forcé*, *pour étre vendus en direction*. Droit fixe de 5 francs. Art. 68 , §. 4 de la loi du 22 frimaire an 7.

1. Si, par les termes du contrat, les créanciers pouvaient conserver les biens ou en disposer à leur gré, il serait dû un droit proportionnel comme vente.

2. Si, par un acte d'atermoiement, le débiteur abandonnait à ses créanciers, des objets mobiliers, cette cession serait passible du droit de 2 pour cent. Arrêt de la Cour de cassation du 30 janvier 1809.

ABANDONNEMENT *pour fait d'assurance ou grosse aventure*. Contrat maritime par lequel l'assuré dénonce la perte à l'assureur, et lui abandonne les objets assurés. 1 franc par cent. Art. 51 de la loi du 28 avril 1816.

Le droit sera perçu sur la valeur des objets abandonnés.

En temps de guerre il n'est dû qu'un demi-droit.

ABSENCE.

1. Le jugement qui ordonne l'enquête pour constater l'absence, et l'enquête elle-même, sont assujétis au droit fixe de 3 fr. Art. 44 de la loi de 1816. Voyez *Greffe*.

2. Le jugement définitif qui déclare l'absence doit le droit fixe de 5 fr. Art. 45.

3. Les héritiers d'un individu dont l'absence est déclarée, sont tenus de faire, dans les six mois du jour de l'envoi en possession provisoire, la déclaration à laquelle ils seraient tenus s'ils étaient appelés par l'effet de la mort, et d'acquitter les droits sur la valeur entière des biens qu'ils recueillent.

4. En cas de retour de l'absent, les droits sont

1

restitués, sous la seule déduction de celui auquel aura donné lieu la jouissance des héritiers.

5. Les héritiers qui auraient fait des actes de propriété des biens de l'absent, soit par vente, bail, partage ou autrement, sont tenus d'acquitter les droits de mutation, quand même l'envoi en possession n'aurait pas encore eu lieu. Décisions du Min. des finances des 17 floréal an 13, et 12 janvier 1808, et arrêt de la Cour de cassation du 27 avril 1807.

ABSTENTION *à succession.* Voyez *Renonciation.*

ACCEPTATION ou *réception de caution*, faite par acte civil, doit 1 fr. fixe, art. 68, §. 1 de la loi de frimaire; faite au greffe du tribunal civil, doit 3 fr., art. 44 de la loi de 1816; faite par exploit signifié à la partie, doit 2 fr.; et par acte d'avoué à avoué, 50 cent., art. 43 et 42 de la même loi.

ACCEPTATION *de succession*, *donation*, *legs ou communauté*, lorsqu'elle est pure et simple, ou sous bénéfice d'inventaire, et lorsqu'elle n'est pas faite au greffe, doit le droit fixe de 1 fr. Art. 68, §. 1 de la loi de frimaire.

2. Il est dû un droit par chaque acceptant et pour chaque succession.

3. Mais cet acte doit être fait au greffe du tribunal de première instance, d'après l'art. 793 du code civil, et dès-lors il rentre dans la classe de ceux assujétis au droit de 3 fr. par l'art. 44 de la loi de 1816.

ACCEPTATION *de transport ou délégation de créance à terme*, faite par acte séparé, lorsque le droit proportionnel a été acquitté pour le transport ou la délégation, doit le droit fixe de 1 fr. Art. 68, §. 1 de la loi de frimaire.

ACCEPTATION *de lettres de change et autres effets négociables*, est exempte de l'enregistrement. Art. 70, §. 3 de la loi de frimaire.

ACCEPTILATION. Cet acte, par lequel un créancier décharge un débiteur quoiqu'il n'en aie reçu aucun paiement, est considéré par le code civil (art. 1282 et suivans) , comme acte de simple libération, et doit le droit de 50 cent. par 100 fr. Art. 69 , §. 2 de la loi de frimaire.

ACCORD. Voyez *Transaction*.

ACCROISSEMENT. Droit des cohéritiers ou colégataires de recueillir la portion de ceux qui n'ont pu en jouir ou qui y ont renoncé.

1. L'accroissement n'opère point mutation ; il n'est dû par ceux qui en profitent que le droit de succession, comme s'ils avaient hérité directement de ce qui leur advient par l'effet.

ACQUIESCEMENT *pur et simple* devant le juge de paix, ou quand il n'est pas fait en justice. Droit fixe de 2 fr. Art. 43 de la loi de 1816.

1. Si l'acte est passé au greffe des tribunaux, il doit un droit fixe de 3 fr. Art. 44 de la même loi.

2. Les jugemens des tribunaux civils ou de commerce portant acquiescement, sont fixés à 3 fr, Art. 44 de la même loi.

3. Si ces jugemens sont rendus sur appel des juges de paix, ce droit est de 5 fr. Art. 45.

ACQUISITION.

1. Les acquisitions faites au nom et pour le compte de l'Etat , et dont les droits d'enregistrement tomberaient à la charge du trésor public , doivent être enregistrés *gratis*. Art. 70 , §. 2 de la loi de frimaire.

2. Les acquisitions faites pour le compte des hospices et des congrégations hospitalières sont enregistrés au droit fixe de 1 fr. Lois et arrêtés des 15 brumaire et 7 pluviose an 12 , et 18 février 1809.

ACQUIT , CONGÉ ou PASSAVANT ; sont délivrés par les préposés des douanes ou des impôts indirects ; ils sont exempts de l'enregistrement, et soumis à la formalité du timbre. Art. 70, §. 3 de la loi de frimaire, et déc. du Min. des fin. du 18 germinal an 9.

Acquit au pied d'une lettre de change, ou autre effet négociable, est exempt de l'enregistrement. Art. 70, §. 3 de la loi de frimaire.

Acte. Terme générique de toutes les conventions qui se rédigent par écrit.

1. Les actes se divisent en actes authentiques ou publics, et en actes privés.

2. Les actes authentiques sont ceux qui portent avec eux le caractère de l'autorité, et qui ont été rédigés par le ministère d'officiers publics, ou qui émanent des administrations publiques ou des tribunaux.

3. On appelle *actes privés* ceux qui ne sont signés que des parties.

4. Les actes sont tous soumis à l'enregistrement sur les minutes, brevets ou originaux. Art. 7 de la loi de frimaire, et art. 38 de la loi de 1816. Ils sont également assujétis au timbre : il n'y a d'autres exceptions que celles exprimées dans la loi.

5. Tous les signataires des actes synallagmatiques, les prêteurs et les emprunteurs pour les obligations, les créanciers et les débiteurs pour les quittances, et les officiers ministériels qui ont reçu ou rédigé des actes énonçant des titres non timbrés, sont solidaires pour le paiement des droits de timbre et des amendes. Art. 75 de la loi de 1816.

Actes *des notaires.* V. *Notaire.*

Actes *judiciaires.*

1. Tous les actes judiciaires sujets à l'enregistrement reçoivent cette formalité sur la minute (dans les 20 jours de leur date). Art. 38 de la loi de 1816. Voy. *Délai.*

2. Ceux des tribunaux civils et de commerce sont soumis à des droits de greffe, en outre de ceux auxquels donne lieu l'enregistrement. V. *Greffe.*

3. Les greffiers sont personnellement tenus d'acquitter les droits des actes et procès-verbaux de leur ministère. A l'égard des jugemens , lorsque les parties n'auront pas consigné en leurs mains le montant des droits, ils doivent remettre au receveur un extrait desdits jugemens , dans les dix jours de leur date , art. 7 , 35 et 37 de la loi de frimaire. V. *Greffier.*

La quotité des droits des actes judiciaires se trouve énoncée sous la dénomination particulière de chaque acte ; on croit cependant utile de la rappeler ici.

Quotité des droits fixes ; actes judiciaires qui y sont assujétis.

4. Les présentations , défauts et congés , faute de comparoir , défendre ou conclure , qui doivent se prendre au greffe.

Art. 16 de la loi du 27 ventose an 9 , 1 fr. fixe.

JUSTICES DE PAIX.

5. Les actes (les cédules exceptées) et jugemens préparatoires , interlocutoires ou d'instruction des juges de paix ; certificats d'individualité , procès-verbaux d'avis de parens ; *visa* de pièces et poursuites préalables à l'exercice de la contrainte par corps ; les oppositions à levée des scellés par comparence personnelle dans le procès-verbal ; les ordonnances et mandemens d'assigner les opposans à scellés ; tous autres actes des juges de paix , non classés dans les paragraphes et articles suivans , et leurs jugemens définitifs portant condamnation de sommes dont le droit proportionnel ne s'éleverait pas à 1 fr. Art. 68 , §. 1.er , de la loi du 22 frimaire an 7 , 1 fr. fixe.

6. Les jugemens du *juge de paix* portant renvoi ou décharge de demande , débouté d'opposition , validité de congé , expulsion , condamnation à réparation d'injures personnelles et généralement tous ceux qui , contenant des dispositions définitives , ne donnent pas ouverture au droit proportionnel. Art. 68 ,

§ 2, de la loi du 22 frimaire an 7, 2 francs fixe.

7. Les jugemens définitifs des *juges de paix*, rendus en dernier ressort d'après la volonté expresse des parties, au-delà des limites de la compétence ordinaire, lorsqu'ils ne contiennent pas des dispositions donnant ouverture à un droit proportionnel supérieur. Art. 44 de la loi du 28 avril 1816, 3 fr. fixe.

BUREAUX DE PAIX.

8. Tous les procès-verbaux des bureaux de paix, desquels il ne résulte aucune disposition donnant lieu au droit proportionnel, ou dont le droit proportionnel ne s'élèverait pas à un franc. Art. 68, §. 1.er de la loi du 22 frimaire an 7, 1 fr. fixe.

CONSEIL DE PRUD'HOMMES.

9. Les actes et jugemens de ces conseils, concernant des contestations dont l'objet excède 25 fr., sont passibles des droits réglés pour les actes de la justice de paix ; à défaut de la désignation de la somme faisant la matière du différend, ils sont soumis au droit fixe d'un franc : si la somme désignée n'excède pas 25 fr., ils doivent être enregistrés *gratis*. Décision des ministres des finances et de l'intérieur, du 20 juin 1809.

Nota. Les conseils de prud'hommes n'ayant été établis qu'en 1806, la loi de frimaire an 7 n'a pu tarifer les droits de leurs actes, et celle du 28 avril 1816 ne contenant aucune disposition à ce sujet, il y a lieu sans doute de s'en référer à la décision qui vient d'être citée.

TRIBUNAUX DE POLICE ORDINAIRE, DE POLICE CORRECTIONNELLE, ET COURS CRIMINELLES.

10. Les actes et jugemens des tribunaux de police ordinaire, de police correctionnelle et des cours criminelles, soit entre parties, soit sur poursuite du

ministère public , *avec partie civile* , lorsqu'il n'y a
pas de condamnation de sommes et valeurs , ou dont
le droit proportionnel ne s'élèverait pas à 1 fr. , et les
dépôts et décharges aux greffes desdits tribunaux ,
dans les mêmes cas où il y a partie civile. Art. 68 , §.
1 de la loi du 22 frimaire an 7 , 1 fr. fixe.

TRIBUNAUX DE PREMIÈRE INSTANCE , DE COMMERCE ET D'ARBITRAGE.

V. *Prestation de serment.*

11. Les ordonnances des juges des tribunaux de
première instance, rendues sur requêtes ou mémoires ,
de référé , de compulsoire et d'injonction ; celles portant permission de saisir-gager , revendiquer ou vendre , et celles des procureurs du Roi , dans les cas où
la loi les autorise à en rendre.

Les actes et jugemens préparatoires ou d'instruction
de ces tribunaux et des *arbitres* , et les actes faits ou
passés aux greffes des mêmes tribunaux , portant acquiescement , dépôt , décharge , désaveu , exclusion
de tribunaux , affirmation de voyage , opposition à remise de pièces , enchères , surenchères , renonciation
à communauté , succession ou legs (il est dû un droit
par chaque renonçant) , reprise d'instance , communication de pièces sans déplacement , affirmation et
vérification de créance , opposition à délivrance de
jugement ; les ordonnances sur requêtes ou mémoires ;
celles de réassigné et tous actes et jugemens préparatoires ou d'instruction des *tribunaux de commerce* ,
et les actes passés aux greffes des mêmes tribunaux ,
portant dépôt de bilan et registres , opposition à publication de séparation , dépôt de sommes et pièces et
tous autres actes conservatoires ou de formalité. Art.
68 , §. 2 de la loi du 22 frimaire an 7 , et art. 44 de
celle du 28 avril 1816 , 3 fr. fixe.

12. Les jugemens des tribunaux de première instance , prononçant sur l'appel des juges de paix ; ceux
portant acquiescement ; acte d'affirmation , de conver-

sion d'opposition en saisie, débouté d'opposition, décharge et renvoi de demande, péremption d'instance, déclinatoire, entérinement de procès-verbaux et rapports, homologation d'actes d'union et atermoiement, injonction de procéder à inventaire, licitation, partage ou vente, main levée d'opposition ou de saisie, nullité de procédure, maintenue en possession, résolution de contrat ou de clause de contrat pour cause de nullité radicale, ou pour défaut de payement quelconque sur le prix de l'acquisition, lorsque l'acquéreur n'est point entré en jouissance, reconnaissance d'écriture, nomination de commissaires, directeurs et sequestres, publication judiciaire de donation, bénéfice d'inventaire, rescision, soumission et exécution de jugement.

Et généralement tous jugemens de ces tribunaux et *des tribunaux de commerce ou d'arbitres*, contenant des dispositions définitives qui ne donneraient pas lieu à un droit plus élevé. Art. 68, §. 3 de la loi du 22 frimaire an 7 ; art. 12 de celle du 27 ventose an 9, et art. 45 de la loi du 28 avril 1816, 5 fr. fixe.

13. Les actes et jugemens interlocutoires ou préparatoires des divorces. Art. 45 de la loi du 28 avril 1816, 5 fr. fixe.

14. Les jugemens rendus en dernier ressort par les *tribunaux de première instance ou les arbitres*, d'après le consentement des parties, lorsque la matière ne comportait pas ce dernier ressort, sauf la perception du droit proportionnel, s'il s'élève au-dessus de 10 f. Art. 46 de la loi du 28 avril 1816, 10 fr. fixe.

15. Les jugemens des *tribunaux de première instance*, portant interdiction, et ceux de séparation de biens entre mari et femme, lorsqu'ils ne portent point condamnation de sommes et valeurs, ou lorsque le droit proportionnel ne s'élèvera pas à 15 fr. Art. 68, §. 6 de la loi du 22 frimaire an 7, 15 fr. fixe.

Les jugemens de première instance, admettant une adoption ou prononçant un divorce. Art. 48 de la loi du 28 avril 1816, 50 fr. fixe.

COURS ROYALES.

16. Les arrêts interlocutoires ou préparatoires, rendus par les *cours royales*, lorsqu'ils ne seront pas susceptibles d'un droit plus élevé, et les ordonnances et actes désignés dans les numéros 6 et 7, deuxième paragraphe de l'art. 68 de la loi du 22 frimaire an 7, devant les mêmes cours.

Nota. *Pour l'énumération de ces actes et ordonnances, voyez ci-dessus numéro* 11. Art. 45 de la loi du 28 avril 1816, 5 fr. fixe.

17. Les arrêts définitifs des cours royales dont le droit ne s'élèvera pas à 10 fr. Art. 46 de la même loi, 10 fr. fixe.

18. Les arrêts des cours royales portant interdiction, ou prononçant séparation de corps entre mari et femme. Art. 47 de la même loi, 25 fr. fixe.

19. Les arrêts de cour d'appel confirmant une adoption. Art. 49, n.° 1 de la loi du 28 avril 1816, 100 fr. fixe.

20. Ceux qui prononceront définitivement sur une demande en divorce. S'il n'y a pas d'appel, ce droit sera perçu sur l'acte de l'officier de l'état civil. Même article, 100 fr. fixe.

COUR DE CASSATION, ET CONSEILS DE S. M.

21. Les arrêts interlocutoires ou préparatoires de la cour de cassation et des conseils de Sa Majesté. Art. 46 de la loi du 28 avril 1816, 10 fr. fixe.

22. Les arrêts définitifs de la cour de cassation et des conseils de Sa Majesté. Art. 47 de la même loi, 25 fr. fixe.

Actes judiciaires sujets au droit proportionnel.

23. Les jugemens et arrêts contradictoires ou par défaut, de quelque tribunal ou cour qu'ils émanent, portant condamnation, collocation ou liquidation de

sommes et valeurs mobiliaires, intérêts et dépens, (excepté les dommages-intérêts, dont le droit proportionnel est fixé à deux pour cent). Art. 69, §. 2 de la loi du 22 frimaire an 7, 50 c. pour 100 fr.

24. Dans aucun cas, et pour aucun de ces jugemens, le droit proportionnel ne pourra être au-dessous du droit fixe, tel qu'il est réglé numéros 5, 7, 8, 10, 12, 14, 15, 16 et 17 ci-dessus pour les jugemens et arrêts des divers tribunaux et cours. Même article. Le droit proportionnel ne peut être moindre que le droit fixe.

25. Lorsque le droit proportionnel aura été acquitté sur un jugement rendu par défaut, la perception sur le jugement contradictoire qui pourra intervenir, n'aura lieu que sur le supplément des condamnations : il en sera de même des jugemens rendus sur appel et des exécutoires. S'il n'y a pas de supplément de condamnation, le jugement sera enregistré pour le droit fixe (ainsi qu'il est dit au numéro précédent), *qui sera toujours le moindre droit à percevoir*. Même article, *Idem*.

26. Lorsqu'une condamnation sera rendue sur une demande non établie par un titre enregistré et susceptible de l'être, le droit auquel l'objet de la demande aurait donné lieu s'il avait été convenu par acte public, sera perçu indépendamment du droit dû pour l'acte ou le jugement qui aura prononcé la condamnation. Même article, droit du titre.

27. Lorsque après une sommation extrajudiciaire ou une demande tendant à obtenir un paiement, une livraison ou l'exécution de toute autre convention, dont le titre n'aurait point été indiqué dans lesdits exploits, ou qu'on aura simplement énoncé comme verbal, on produira aux cours d'instance, des écrits, billets, marchés, factures acceptées, lettres ou tout autre titre émané du défendeur, qui n'auraient pas été enregistrés avant ladite demande ou sommation, le double droit sera dû, et pourra être exigé ou perçu lors de l'enregistrement du jugement intervenu. Art. 57 de la loi du 28 avril 1816, double droit du titre.

28. Pour les jugemens portant transmission de biens meubles ou immeubles , V. *Ventes.*

Actes judiciaires contenant plusieurs dispositions.

Voyez *Actes contenant plusieurs dispositions.*

Actes judiciaires en matière de contribution et pour sommes dues à l'Etat.

29. Les jugemens des tribunaux en matière de contributions publiques ou locales et autres sommes dues à l'État et aux établissemens locaux , seront assujettis aux mêmes droits d'enregistrement que ceux rendus entre particuliers. Art. 39 de la loi du 28 avril 1816.

Actes judiciaires à enregistrer en débet.

30. Les actes judiciaires qui doivent être enregistrés en débet , lorsqu'il n'y a point de partie civile poursuivante , sont les actes et procès-verbaux des juges de paix pour faits de police ; ceux faits à la requête des procureurs du Roi près les tribunaux , ou d'une administration publique agissant dans l'intérêt de l'Etat , d'une commune ou d'un établissement public ; ceux des commissaires de police ; ceux des gardes établis par l'autorité pour délits ruraux et forestiers , et les actes et jugemens qui interviennent sur ces actes et procès-verbaux , en fait de police simple ou correctionnelle. Art. 70 de la loi de frimaire an 7 , art. 38 de la loi de 1816 et ordonnance du 22 mai 1816.

31. Lorsqu'il y a une partie civile , les droits doivent être acquittés par elle. Même ordonnance.

32. La régie des contributions indirectes continuera à faire l'avance des frais de poursuite et des droits de timbre et d'enregistrement , dans toutes les affaires poursuivies à sa requête et dans son intérêt ou celui de ses agens. Même ordonnance.

33. La faculté de l'enregistrement en débet est aussi accordée aux appositions et levée de scellés ,

aux actes de tutelle , aux nominations de subrogé
tuteur , et aux jugemens d'ouverture de faillite ,
lorsque ces actes sont faits d'office. Décision du ministre des finances des 28 fructidor an 8 , 20 fructidor
an 10 et 28 juin 1808. Il en est de même des procès-
verbaux des Maires et Adjoints , des Ingénieurs des
Ponts et Chaussées , des agens de la navigation , des
Commissaires de Police et des gendarmes pour contravention en matière de grande voirie. Déc. du ministre des finances des 11 frimaire et 4 germinal an 11.

Actes judiciaires à enregistrer gratis.

34. Les actes judiciaires à enregistrer et à timbrer
gratis sont : les actes de procédure et les jugemens
à la requête du procureur du Roi qui ont pour objet ,
1.º de réparer les omissions faites sur les registres
de l'état civil d'actes qui intéressent les indigens ,
2.º de remplacer les registres de l'état civil perdus
ou incendiés par les événemens de la guerre , et de
suppléer aux registres qui n'auraient pas été tenus ;
les procès-verbaux des prud'hommes portant conciliation sur objets qui n'excèdent pas 25 fr. Ordon. du
22 mai 1816 et art. 75 de la loi du 25 mars 1817.

35. Il en est de même des actes des huissiers et gendarmes concernant la police générale et de sûreté , et
la vindicte publique dans le cas spécifié ci-après. Art.
70 §. 2 de la loi de frimaire.

Actes judiciaires exempts de l'Enregistrement.

36. Les actes judiciaires exempts de l'enregistrement sont tous les actes et procès-verbaux (excepté
ceux des huissiers et gendarmes qui doivent être enregistrés gratis) , et les jugemens concernant la police
générale et de sûreté , et la vindicte publique en
matière criminelle , lorsqu'il n'y a pas de partie civile.
Art. 70 §. 3 de la loi de frimaire , et ordonnance du 22
mai 1816,

Décisions particulières.

37. Les actes judiciaires d'une date antérieure à la promulgation de la loi du 28 avril , qui n'étaient pas susceptibles d'être enregistrés sur la minute , d'après les dispositions de la loi du 22 frimaire an 7 , peuvent continuer à recevoir la formalité sur les *expéditions* seulement , dans le cas où elles seraient requises par les parties.

38. Les arrêts ou jugemens de remise de cause ou de plaidoirie qui interviennent *avant que les qualités aient été posées* , sont exempts de l'enregistrement , comme n'étant qu'un simple acte de police intérieure ; mais il y a lieu à la formalité sur la minute , lorsque la remise est prononcée *après que les qualités ont été posées*. Toutefois , cette obligation ne doit pas atteindre les jugemens et arrêts de remise qui ne sont rendus que par l'effet de circonstances indépendantes de la volonté ou de l'intérêt des parties , telles que l'empêchement d'un juge dont la présence serait nécessaire , d'un rapporteur , du ministère public , ou bien la fin de l'audience. Enfin , il y a lieu à exemption de l'enregistrement dans tous les cas où les motifs des jugemens ou arrêts , *énoncés sur la feuille d'audience* , constatent que la remise de la cause n'est le fait ni des parties ni des avoués. A défaut d'énonciation de ces motifs , les jugemens ou arrêts seraient censés avoir été rendus par le fait et du consentement des avoués ou des parties. Déc. du min. des finances du 15 octobre 1816.

39. L'art. 45 de la loi du 28 avril , assujétit au droit de 5 francs les jugemens des tribunaux de première instance , de commerce ou d'arbitres , rendus en *premier ressort*. Cette disposition spéciale pour les jugemens qu'elle désigne , ne peut être étendue aux jugemens en *dernier ressort* , rendus sur des demandes dont le principal n'excède pas la valeur de 1000 fr. Ces derniers restent soumis au droit fixe de 3 fr. Déc. du min. des fin. du 4 octobre 1816.

40. Les ordonnances du juge prononçant sur les oppositions formées aux qualités pour la rédaction des jugemens ne sont soumises à aucun droit d'enregistrement. Déc. du min. des fin. du 15 nov. 1816.

Actes *Administratifs.*

1. Les actes des autorités administratives et des établissemens publics portant transmission de propriété, d'usufruit et de jouissance ; les adjudications ou marchés de toute nature, aux enchères, au rabais ou sur soumissions ; et les cautionnemens relatifs à ces actes, sont les seuls qui demeurent assujettis au timbre et à l'enregistrement sur la minute dans le délai de vingt jours.

2. Tous autres actes, arrêtés et décisions des autorités administratives sont exempts du timbre sur la minute, et de l'enregistrement tant sur la minute que sur l'expédition. Toutefois aucune expédition ne pourra être délivrée aux parties que sur papier timbré, si ce n'est à des individus indigens ; et à la charge d'en faire mention dans l'expédition.

3. Cette exemption est applicable aux actes des autorités administratives antérieurs à la publication de la loi du 15 mai 1818, et il est fait remise des doubles droits et amendes encourus, à raison de ces actes, pour contraventions aux lois du timbre et de l'enregistrement.

4. Les actes énoncés ci-dessus, n.º 1, sont les seuls dont il devra être tenu répertoire, sur papier timbré, et dont les préposés de l'enregistrement pourront demander communication. Art. 78, 79, 80, 81 et 82 de la loi du 15 mai 1818.

5. Les acquisitions, échanges et partages de biens faits entre le gouvernement et les particuliers doivent être enregistrés *gratis*. Art. 70 de la loi de frim.

6. Les administrations ne sont pas admises à faire timbrer en débet. Art. 71 de la loi de 1816.

V. *Secrétaire.*

Actes *de l'état civil*. Ce sont ceux de naissance, adoption, mariage et décès.

1. Les registres des actes de l'état civil sont formés en papier timbré, et ne peuvent servir que pour l'année à laquelle ils sont destinés.

2. L'acte de publication de mariage, les affiches de cette publication, les certificats de non-opposition à mariage, ceux délivrés aux parties qui se marient dans une autre commune que celle où les affiches ont été posées, et ceux pour justifier aux ministres des cultes de la célébration devant l'officier de l'état civil, sont assujettis au timbre et peuvent être donnés sur petit papier de 35 centimes.

3. Les extraits et copies des actes de naissance, mariage et décès doivent être délivrés sur papier d'expédition. Art. 70 de la loi de frimaire an 7, art. 19 de la loi du 13 brum. an 7, et art. 63 de celle de 1816.

Actes *sous signature privée.*

1. On peut faire par acte sous signature privée tous ceux que les lois n'ordonnent point de faire par acte public, tels que les contrats de mariage, les donations, les reconnaissances d'enfans naturels, les actes respectueux, etc.

2. Les actes sous signature privée portant transmission de biens immeubles en propriété ou usufruit; les baux à ferme ou à loyer, sous-baux, cessions et subrogations de baux, et les engagemens de biens de même nature doivent être enregistrés dans les 3 mois de leur date, à peine du double droit.

3. Ceux portant mutation d'immeubles peuvent être transcrits.

4. Les nouveaux propriétaires de biens immeubles qui prétendraient n'avoir pas d'acte de transmission, sont tenus d'y suppléer par une déclaration détaillée et estimative dans les trois mois de l'entrée en possession, à peine du droit en sus. Art. 22 et 38 de la loi de frim. et 4 de la loi du 27 ventôse an 9.

5. Il n'y a point de délai de rigueur pour tous les autres actes sous signature privée. Art. 23 de la loi de frimaire.

6. Ils peuvent être enregistrés dans tous les bureaux indistinctement. Art. 26 même loi.

7. Lorsque des actes qui contiennent à la fois des dispositions assujéties, par leur nature, à la formalité dans un délai déterminé, et des dispositions qui, si elles en étaient séparées, n'y seraient sujettes que quand on voudrait en faire usage, ne sont présentés à la formalité qu'après le terme légal, la perception du double droit ne doit avoir lieu que sur les dispositions qui par la loi, sont soumises à l'enregistrement dans un délai de rigueur. Jugement du tribun. de la Seine du 6 brumaire an 12.

8. Tout acte sous signature privée doit être enregistré avant de s'en servir en justice ou devant les autorités constituées. Aucun officier public ne peut faire un acte en vertu d'un acte sous signature privée, l'annexer à ses minutes, ni en délivrer extrait ou expédition s'il n'a été enregistré, à peine de 50 fr. d'amende. Art. 23, 42 et 47 de la loi de frim. 57 et 58 de la loi de 1816.

9. Les droits des actes sous signature privée doivent être acquittés par celui qui les présente à la formalité. En cas de contestation le receveur de l'enregistrement a la faculté d'en tirer copie et de la faire certifier conforme à l'original par celui qui l'a présenté. En cas de refus il peut reserver l'acte pendant 24 heures pour s'en procurer une collation en forme. Art. 56 de la loi de frimaire.

Actes *nuls et refaits pour nullité*, ou autre motifs, sans aucun changement qui ajoute aux objets des conventions ou à leur valeur. Droit fixe de 2 fr. Art. 43 de la loi de 1816.

Actes *contenant le complément ou l'exécution d'actes antérieurs enregistrés*, droit fixe de 1 fr. Art. 68 de la loi de frimaire.

Actes *simples*. Tout acte qui ne contient ni libéra-tion, ni obligation, ni transmission, ou qui n'est pas classé nominativement par la loi, doit le droit fixe de 1 fr. Art. 68 de la loi de frimaire an 7.

Actes *contenant plusieurs dispositions*.

1. Dans le cas de transmission de bien, la quittance donnée ou l'obligation consentie par le même acte, pour tout ou partie du prix entre les contractans, ne peut être sujette à un droit particulier d'enregistre-ment. Art. 10 de la loi de frimaire.

2. Lorsque dans un acte il y a plusieurs dispositions indépendantes ou ne dérivant pas nécessairement les unes des autres, il est dû pour chacune d'elles, et selon son espèce, un droit particulier. Art. 11.

Actes *passés en conséquence d'un autre*. V. No-taire, n.° 25.

Actes *passés en pays étrangers ou dans les Colonies*. V. *Notaire*, n.° 26.

1. Il ne pourra être fait usage en justice d'aucun acte passé en pays étranger ou dans les colonies, qu'il n'ait acquitté les mêmes droits que s'il avait été sous-crit en France et pour des biens situés dans le royaume. Il en sera de même pour les mentions desdits actes dans des actes publics. Art. 58 de la loi de 1816.

2. Il y a exception à ce principe pour les actes qui contiennent des stipulations relatives à des biens mo-biliers et immobiliers situés à Saint-Domingue. Ils ne sont assujettis qu'au droit fixe d'un fr. Ordon. du 8 janvier 1817.

3. Les jugemens rendus en France, qui prononcent l'exécution de jugemens ou actes émanés de juges ou autres fonctionnaires étrangers, et auxquels la loi n'accorde pas d'exécution en France, sont passibles de tous les droits auxquels les jugemens ordinaires sont assujettis.

4. On ne peut prendre inscription hypothécaire

en France , en vertu d'un acte passé devant notaire , dans une colonie française , s'il n'a pas été préalablement enregistré. Arrêt de la Cour de Cassation du 7 décembre 1807.

ACTE *respectueux* , doit être notifié par deux notaires , ou par un notaire et deux témoins. Droit fixe de 1 fr. Art. 68 de la loi de frimaire.

ACTES *de notoriété*. Attestations données par plusieurs individus d'un fait ou d'un usage. Droit fixe de 2 fr. Art. 43 de la loi de 1816.

ACTES *de recours* en cassation ou devant les Conseils de Sa Majesté , soit par requête , mémoire ou déclaration en matière civile , de police simple ou de police correctionnelle. Droit fixe de 25 fr. Art. 47 de la même loi.

ACTES *innomés*. Tous actes civils, judiciaires, extrajudiciaires qui ne se trouvent point dénommés dans la loi et qui ne peuvent donner lieu au droit proportionnel sont fixés au droit de 1 fr. Art. 68 , §. 1 de la loi de frimaire.

ACTION.

1. Les *droits* et *actions* sont meubles ou immeubles suivant la qualité de leur objet et la nature de la fin où ils tendent.

2. Les actions qui tendent à revendiquer un immeuble sont immeubles, et ainsi assujettis au droit de 50 c. par 100 fr. ; celles qui ont pour objet des sommes exigibles ou des effets mobiliers sont meubles. Art. 526 et 529 du C. C.

3. Les *actions* ou *intérêts* dans les compagnies de finance , de commerce ou d'industrie , lors même que des immeubles dépendant de ces entreprises appartiennent aux compagnies , sont réputées meubles à l'égard de chaque associé , seulement tant que dure la société , et ne sont assujettis qu'au droit de 50 cent. par 100 fr. Art. 69 de la loi de frimaire.

4. Les actions de la banque de France doivent être comprises, dans les déclarations des héritiers, pour leur valeur réglée d'après le cours moyen de la bourse de Paris.

ADDITIONS. Sont prohibées dans les actes des notaires sous peine d'une amende de 5o fr. Art. 16 de la loi du 25 ventôse an 11.

ADHÉSION *de créanciers* des faillis au concordat et autres actes postérieurs. 2 fr. fixe. Art. 35 de la loi de 1816.

ADJUDICATIONS *de coupes de bois de l'Etat.* Sont sujettes au droit de 2 fr. par 100 fr. Art. 69 de la loi de frimaire.

2. On ajoute au prix principal les frais de l'adjudication pour la liquidation des droits. Déc. du min. des fin. du 10 fructidor an 12.

3. Les délivrances de bois de l'Etat faites à des entrepreneurs de travaux publics ou de la marine sont sujettes au droit de 2 pour 100. Arrêt de la Cour de Cassation du 2 novembre 1807 et décision du ministre des finances du 4 thermidor an 13.

ADJUDICATIONS *de coupes de bois* des communes et établissemens publics, sont assimilées, pour la perception des droits, à celles des bois de l'Etat.

ADJUDICATIONS *au rabais* et marchés pour constructions, réparations, entretien, fournitures et approvisionnemens dont le prix doit être payé, directement ou indirectement, par le trésor royal. Droit fixe d'un fr.

1. Il en est de même des cautionnemens relatifs à ces adjudications et marchés. Art. 73 de la loi du 15 mai 1818.

2. Lorsque semblables adjudications sont faites entre particuliers, et qu'elles ne contiennent ni vente, ni promesse de livrer des marchandises, denrées et autres objets mobiliers, il est dû 1 fr. par 100 fr. Art. 69 de la loi de frimaire.

2.

ADJUDICATIONS et tous autres actes translatifs de propriété, à titre onéreux, de meubles, récoltes de l'année, sur pied, coupes de bois et autres objets mobiliers généralement quelconques. V. *Vente de meubles*.

ADJUDICATIONS *d'immeubles*. Sont sujettes au droit de 5 fr. 50 cent. par 100 fr. Art. 52 de la loi de 1816; à l'exception de celles de domaines de l'Etat, dont le droit est réduit à 2 pour 100. Lois des 26 vendémiaire an 7, art. 14, et de frimaire an 7, art. 69, § 6. --- Le droit est liquidé sur le prix exprimé en y ajoutant toutes les charges.

1. L'adjudication préparatoire n'est sujette qu'au droit fixe d'un franc, si elle n'est pas faite devant les tribunaux. Art. 68 de la loi de frimaire. Elle est assujettie au droit fixe de 3 fr., si elle a lieu devant le tribunal de première instance. Art. 44 de la loi de 1816.

ADJUDICATION *à la folle-enchère* lorsque le prix n'est pas supérieur à celui de la précédente adjudication et lorsque cette dernière a été enregistrée. Droit fixe de 3 f., même art. 44. Si le prix est supérieur, il doit être perçu sur cet excédent le droit de 2 ou de 5 fr. 50 c. par 100 fr., suivant qu'il s'agit de meubles ou immeubles. Art. 69, §. 5 de la loi de frimaire.

ADJUDICATION *de biens en direction*.
V. *Abandonnement*.

ADMINISTRATIONS *publiques*.
1. Les dispositions de la loi du 22 frimaire an 7 sont applicables aux fonctionnaires qui ont remplacé les administrateurs, comme Préfets, Sous-préfets, Maires, etc. Art. 6 de la loi du 27 ventôse an 9.
2. Sont seuls soumis au timbre et à l'enregistrement sur la minute les actes des autorités administratives et des établissemens publics portant transmission de propriété, d'usufruit et de jouissance ; les adjudications ou marchés de toute nature, aux enchères, au

rabais ou sur soumissions ; et les cautionnemens relatifs
à ces actes. Art. 78 de la loi du 15 mai 1818.

V. *Actes administratifs* , *Secrétaires.*

ADMISSION (jugement en première instance d') pour
adoption ou divorce , 50 fr. ; confirmée par arrêt , 100
fr. Art. 48 et 49 de la loi de 1816.

ADOPTION.

1. L'acte passé devant le juge de paix pour con‑
sentir l'adoption , est assujetti au droit fixe de 1 fr.
Art. 68 , §. 1 de la loi de frimaire.

2. Les jugemens des tribunaux de première instance,
admettant une adoption , doivent le droit fixe de 50 fr.
Art. 48 de la loi de 1816. Les arrêts des cours d'appel
qui la confirment sont assujettis au droit fixe de 100 fr.
Art. 49.

3. L'enfant adoptif ne doit pour les biens qu'il
recueille dans la succession de celui qui l'a adopté
que les droits fixés pour les déclarations en ligne
directe.

AFFECTATION d'hypothèques pour paiement de let‑
tres de change ou de billets à ord e , 1 fr. par 100 fr.
Décision du 7 floréal an 7.

AFFICHES.

1. Les affiches émanées de l'autorité publique ; celles
pour la location et adjudication de domaines de l'État ;
celles pour vente d'effets saisis par les préposés des
douanes, et celles relatives à l'administration des postes
et messageries sont exemptes de la formalité du timbre.
Art. 56 de la loi du 9 vendémiaire an 6 ; déc. du min.
des fin. des 7 , 26 et 27 brumaire et 30 frimaire an 6.

2. Toutes autres affiches , quel qu'en soit l'objet ,
doivent être sur papier timbré. Le prix de la feuille
de 25 décimètres carrés est de 10 cent. ; celui de la
demi feuille , de 5 cent. Art. 65 de la loi de 1816.

3. Il est défendu de se servir , pour les affiches ,
de papier de couleur blanche. Art. 65 de la loi de 1816.

4. Toute contravention à cette disposition est punie d'une amende de 100 fr. à la charge de l'imprimeur, qui est toujours tenu d'indiquer son nom et sa demeure au bas de l'affiche.

5. Les particuliers devront faire timbrer avant l'impression les papiers dont ils voudront faire usage. Art. 76 de la loi du 15 mai 1818.

6 Cependant les affiches judiciaires qui sont prescrites par les lois doivent être sur du papier au timbre de dimension comme les actes, parce qu'elles doivent servir de titre aux parties. Décis. du min. des fin. des 25 janvier 1803 et 30 janvier 1810.

7. Il est défendu aux imprimeurs de tirer aucun exemplaire d'annonces, affiches, ou avis sur papier non timbré, a peine d'une amende de 500 fr. Ceux qui seraient convaincus d'avoir fait afficher et distribuer ces imprimés seront condamnés à une amende de 100 fr. ; les afficheurs et distributeurs seront, en outre, condamnés aux peines de simple police déterminées par l'art. 474 du Code pénal. L'amende est solidaire et emporte contrainte par corps. Art. 68 et 69 de la loi de 1816.

AFFIRMATION, ou assurance que l'on donne par serment de la vérité d'un fait.

1. Le jugement d'un juge de paix portant acte d'affirmation doit le droit fixe de 2 fr. Art. 68, §. 2 de la loi de frimaire. Celui d'un tribunal civil, de commerce ou d'arbitrage doit le droit fixe de 3 f., et celui de 5 fr. s'il prononce sur appel des juges de paix. Art. 44 et 45 de la loi du 28 avril. Devant les cours royales 5 francs. Même art. 45.

AFFIRMATION de voyage faite au greffe de la justice de paix doit le droit fixe de 1 fr. Art. 68, §. 1 de la loi de frimaire. Mais si l'acte est passé au greffe du tribunal civil, le droit est de 3 fr. ; et il est de 5 fr. passé aux greffes des cours d'appel. Art. 44 et 45 de la loi de 1816.

Il est dû autant de droits qu'il y a de parties affirmantes.

2. Les affirmations faites aux greffes sont assujetties au droit de rédaction.

AFFIRMATION *de créance* est sujette aux mêmes droits que l'art. ci-devant, et il est dû un droit pour chaque créancier dont l'affirmation est reçue.

AFFIRMATION *de procès-verbaux* des employés, gardes et agens salariés par l'Etat, faits dans l'exercice de leurs fonctions, est exempte de l'enregistrement. Art. 70. §. 3 de la loi de frimaire. Elle est de rigueur, à peine de nullité des procès-verbaux s'il n'y a pas de pièces à l'appui qui constatent la contravention. Arrêts de la Cour de cassation des 13 messidor an 9, 2 brumaire et 21 germinal an 10. L'affirmation doit être faite dans les 24 heures de la date du procès-verbal.

AFFRANCHISSEMENT de rentes et pensions. 50 cent. pour 100 fr. Art. 69 de la loi de frimaire.

AFFRÉTEMENT, CHARTE-PARTIE, NAULIS. Louage du tout ou partie d'un navire sur mer.
Le droit en est le même que celui du bail à loyer. Art. 8 de la loi du 27 ventôse an 9.

AGENS FORESTIERS. V. *Prestation de serment, Procès-verbaux.*

AJOURNEMENT. Les procès-verbaux des bureaux de paix, portant remise ou ajournement, sont sujets au droit fixe de 1 fr. Art. 68, §. 1 de la loi de frimaire.

ALÉATOIRE. On appelle contrats aléatoires, des actes qui renferment certaines conventions relatives à des événemens incertains ; tels sont les Contrats d'assurance, les Contrats à rente viagère. V. ces mots.

AMENDE. Peine pécuniaire encourue pour contravention à la loi. V. *Actes, Affiches, Arbitres, Greffiers,*

Huissiers, Hypothèques, Imprimeurs, Notaires, Receveurs, Secrétaires, Successions, Timbre.

Aucune autorité publique, ni la régie, ni ses préposés ne peuvent accorder de remise ou modération des droits et amendes, ni en suspendre le recouvrement, sans en devenir personnellement responsables. Art. 59 de la loi de frimaire.

AMORTISSEMENT ou rachats de rentes sur le capital, 50 cent. pour 100 fr. Art. 14 et 69 de la loi du 22 frim.

ANNONCE. V. *Avis.*

ANTICHRÈSE ou engagement d'immeubles pour assurer le paiement d'une dette. Le créancier n'acquiert par ce contrat que la faculté de percevoir les fruits de l'immeuble, à la charge de les imputer annuellement sur les intérêts, s'il lui en est dû, et ensuite sur le capital de sa créance.

Le droit d'enregistrement est de 2 pour 100, et se liquide sur le montant de la créance qui forme le prix de l'engagement. Art. 69, §. 5 et art. 15 de la loi de frimaire.

APPEL.

1. Les déclarations et significations d'appel des jugemens des juges de paix aux tribunaux civils doivent le droit fixe de 5 fr. Art. 58, §. 4 de la loi de frimaire.

2. Celles des jugemens des tribunaux civils, de commerce et d'arbitres doivent le droit fixe de 10 fr., même art. §. 5.

3. Le premier acte de recours en cassation ou devant les conseils du Roi, soit par requête, mémoire ou déclaration, en matière civile, de police simple ou correctionnelle, est assujetti au droit fixe de 25 fr. Art. 49 de la loi de 1816.

4. Il est dû autant de droits qu'il y a d'appelans ou d'intimés par le même acte d'appel en quelque nombre qu'ils soient, excepté les co-propriétaires et co-héritiers,

les parens réunis, les co-intéressés, les débiteurs ou créanciers associés ou solidaires, et les séquestres lorsque leurs qualités sont exprimées dans l'acte. Art. 68, §. 1 de la loi de frimaire.

5. Les jugemens définitifs des tribunaux sur les contestations relatives aux droits d'enregistrement, timbre, greffe et hypothèques sont sans appel et ne peuvent être attaqués que par voie de cassation.

6. Les déclarations d'appel de tous jugemens rendus en matière de police correctionnelle, lorsque l'appelant est emprisonné, peuvent être visées pour timbre et enregistrées en débet. Article 74 de la loi du 25 mars 1817.

APPORT des futurs dans les contrats de mariage. V. *Ce mot.*

APOSTILLE. Ne peut être écrite qu'en marge des actes et signée et paraphée par les parties et les notaires, à peine de nullité desdits actes. Art. 15 de la loi du 25 ventôse an 11.

APPOSITION DE SCELLÉS.

1. Le droit d'enregistrement des procès-verbaux d'apposition de scellés est fixé à 2 fr. par chaque vacation. Art. 68, §. 2 de la loi de frimaire. Il n'est pas dû un droit particulier pour la disposition de cet acte qui porte établissement de gardien. Déc. du min. des fin. du 25 avril 1809. V. *Vacation.*

2. Pour les procès-verbaux de l'espèce à viser et à enregistrer en débet. V. *Actes judiciaires.*

APPRENTISSAGE. V. *Brevet.*

ARBITRES. Ils ne peuvent rendre aucun jugement sur des actes non enregistrés, à peine d'être personnellement responsables des droits d'enregistrement, article 47 de la loi du 22 frimaire ; ni sur des actes, pièces ou registrés non écrits sur papier marqué du timbre prescrit, à peine de 100 fr. d'amende, art. 24

et 26 de la loi du 13 brumaire an 7 , et art. 74 de la loi de 1816.

2. Les nominations d'arbitres , qui ne contiennent aucune disposition donnant lieu au droit proportionnel, sont sujettes au droit fixe de 3 fr. Article 44 de la loi de 1816.

3. En général les ordonnances , actes et jugemens des arbitres , sont soumis aux mêmes droits que ceux des tribunaux de première instance et de commerce.

ARCHIVES PUBLIQUES. V. *Communication.*

ARPENTEUR. Les procès-verbaux d'arpentage sont sujets au droit fixe de 2 fr. Art. 43 de la loi de 1816. V. *Prestation de serment* et *Procès-verbaux.*

ARRÉRAGES *de rentes.* Les quittances doivent énoncer le titre constitutif ; à défaut le droit est dû à 2 pour 100. Art. 69, §. 5 de la loi de frimaire.

ARRÊTÉ. V. *Actes administratifs , Comptes.*

ARRÊTS interlocutoires ou préparatoires des Cours royales , lorsqu'ils ne sont pas susceptibles d'un droit plus élevé , sont sujets au droit fixe de 5 fr. Art. 45 de la loi de 1816.

2. Les arrêts définitifs des mêmes Cours , dont le droit ne s'élèverait pas à dix fr. et les arrêts interlocutoires ou préparatoires de la Cour de cassation et des Conseils du Roi , sont sujets au droit fixe de 10 francs. Art. 46.

3. Les arrêts définitifs des Cours royales portant interdiction ou prononçant séparation de corps entre mari et femme , et ceux de la Cour de cassation et des Conseils du Roi , sont sujets au droit fixe de 25 fr. Art. 47.

ASCENDANS.

1. Les jugemens qui accordent des secours aux ascendans sont sujets au droit proportionnel de 50 cent. par 100 fr. sur le capital au denier 10 de la pension

qu'ils adjugent. Décision du Min. des finances du 14 juin 1808.

2. Les actes volontaires par lesquels des enfans s'obligent de payer annuellement une somme convenue pour les alimens de leur ascendant , ne sont assujettis qu'au droit de 25 cent. par 100 fr. sur le capital, au denier 10 de la pension stipulée ; et ils ne seraient même sujets qu'au droit fixe de 1 fr. si les enfans se bornaient à déclarer qu'ils se soumettent à remplir les obligations que leur impose le code , en fournissant des alimens à leurs ascendans , sans détermination de somme. Déc. du Min. des finances du 12 septembre 1809.

Assemblée *de parens*. V. *Avis de parens.*

Assignation. V. *Exploit.*

Assurance (acte ou contrat d'). Convention entre un particulier ou une compagnie , et le propriétaire d'un navire ou de sa cargaison , par laquelle les premiers prennent sur eux les risques de mer , et répondent des dommages que ce navire ou ces marchandises pourraient éprouver en cas de naufrage ou d'avarie , moyennant une somme appelée prime. Il est sujet au droit d'enregistrement de un fr. par 100 fr. Le droit est perçu sur la valeur de la prime.

En temps de guerre il n'est dû qu'un demi-droit. Art. 51 de la loi de 1816.

Atermoiement ou *Concordat.* Acte par lequel un débiteur obtient de ses créanciers un délai pour se libérer , et quelquefois la remise absolue d'une partie des sommes qu'il leur doit.

1. Le droit d'enregistrement est de 50 c. par 100 fr. sur le montant des sommes que le débiteur s'oblige de payer. Art. 69 , §. 2 de la loi de frimaire.

2. Aucun concordat ne peut être rédigé sans énoncer si les livres du failli sont en papier timbré. Art. 74 de la loi de 1816.

ATTESTATIONS *pures et simples*. Droit fixe de 1 fr. Art. 68 , §. 1 de la loi de frimaire.

ATTRIBUTION. V. *Compétence*.

AUTORISATIONS *pures et simples*. Droit fixe de 2 fr. Art. 43 de la loi de 1816.

AVAL. Souscription mise au bas d'une lettre de change, ou fournie par acte séparé, pour en garantir le paiement.

1. Lorsque l'aval est fait par acte séparé, et sur un autre papier que la lettre de change, il doit le droit d'enregistrement de 50 cent. par 100 fr., comme cautionnement. Déc. du Min. des finances du 7 août 1810.

AVANCE *des droits d'enregistrement*. V. *Droit d'enregistrement*.

AVANCEMENT *d'hoirie*. V. *Contrat de mariage* et *Donation entre vifs*.

AVENIR ou actes d'avoué à avoué signifiés par exploit. Droit fixe de 50 cent. Art. 41 de la loi de 1816.

AVEU.

L'aveu judiciaire étant un titre contre celui qui l'a fait, il opère un droit de 50 cent., 1 fr., 2 fr. ou 5 fr. 50 cent., suivant qu'il est relatif à une libération, à une dette, à une transmission de meubles ou d'immeubles.

AVIS *imprimés ou annonces*, de quelque nature et espèce qu'ils soient, sont assujétis au timbre.

2. Le prix de la feuille est de 10 cent. ; celui de la demi-feuille, de 5 cent. ; celui du quart de feuille de 2 cent. $\frac{1}{2}$; celui du demi-quart, cartes et autres de plus petite dimension, est d'un centime.

3. Le papier ainsi que les cartes sont fournis par les particuliers, et timbrés avant tout emploi. Art. 76 de la loi du 15 mai 1818. V. au mot *Affiches*, pour

les peines encourues par les imprimeurs et distributeurs.

4. Par diverses décisions, le Ministre des finances
a reconnu que les bulletins du cours des changes et du
prix des marchandises, les ordonnances de police qui
se crient et distribuent dans les rues, les nouvelles publiques extraites d'un journal officiel qui se distribuent
de même, et les billets de naissance, mariage et en-
terrement étaient exempts du timbre. V. *Catalogues.*

Avis *de parens*, est une délibération de famille sur
le parti à prendre relativement à la personne et aux
intérêts d'un mineur ou d'un interdit. Il est assujéti
au droit fixe de 2 fr. Art. 43 de la loi de 1816.

Avocat. Celui qui a fait son Droit, et en a les lettres
de licence.

1. Les consultations d'avocats doivent être sur papier timbré, à peine de 100 fr. d'amende. Art. 12 et
26 de la loi du 13 brumaire an 7.

2. Les mémoires imprimés qui sont signés par les
avocats, et que l'on signifie aux parties, doivent être
sur papier timbré ; mais les exemplaires où l'on se
borne à rappeler la signature des avocats, et ceux dis-
tribués aux juges et au public, peuvent être sur papier libre. Déc. du Min. des fin. du 13 juin 1809.

3. Les prestations de serment que les avocats sont
tenus de prêter pour entrer en fonctions, sont assujetties à l'enregistrement au droit fixe de 15 fr. Art.
14 de la loi du 27 ventose an 9.

Avoué. Officier ministériel qui défend devant un
tribunal pour un particulier.

1. La signification des actes d'avoué à avoué est
assujettie au droit fixe de 50 c. devant les tribunaux,
et au droit de 1 fr. devant les cours royales. Art. 41 et
42 de la loi de 1816. Il est dû autant de droits qu'il y
a d'avoués, pour ou contre, nommés dans le même
acte.

2. Les actes de prestation de serment des avoués

sont soumis au droit fixe de 15 fr. Art. 14 de la loi
du 27 ventôse an 9. Les cessions d'études, au droit de
1 pour 100 ; les récépissés des pièces qu'ils délivrent,
au droit de 2 fr. fixe ; les actes de communication de
pièces, entr'eux, par la voie du greffe, en première
instance, au droit de 3 fr. ; en cour d'appel, au droit de
5 fr. ; les actes de produit dans les ordres, au droit de
1 fr. Art. 43, 44 et 45 de la loi de 1816.

3. L'avoué qui fait usage dans ses requêtes d'actes
sous seing-privé non enregistrés commet une contravention.

4. Les exploits d'assignation devant les tribunaux
près desquels il a été établi des avoués ne sont passibles
d'aucun droit particulier pour la nomination ou constitution d'avoué qu'ils contiennent ; mais si elle avait
lieu devant les tribunaux près desquels les parties
peuvent comparaître en personne, il serait dû deux
droits, l'un pour la citation et l'autre pour le pouvoir.
Déc. du Min. des fin. du 28 thermidor an 9.

5. Tous les actes des avoués près les tribunaux, et
les copies ou expéditions qui en sont faites ou signifiées, les consultations, mémoires, observations ou
précis par eux signés sont assujettis au droit de timbre
de dimension débité par la régie. Art. 12 de la loi du
13 brumaire an 7. Les registres qu'ils tiennent pour
y inscrire les sommes qu'ils reçoivent de leurs cliens
doivent aussi être en papier timbré. V. *Avocat*, n.º 2.

B

BACS.

Les bacs sont meubles, d'après l'art. 531 du Code
Civil, et les droits de mutations doivent en être réglés
en conséquence.

BAIL *à ferme ou à loyer.*

1. Le droit d'enregistrement des baux à ferme ou à
loyer, et des sous-baux, subrogation, cession et rétro-

cessions de baux , de biens meubles ou immeubles , est fixé à 75 cent. par 100 fr. sur les deux premières années , et à 20 cent. par 100 fr. sur le montant des années suivantes.

2. S'il est stipulé pour une ou plusieurs années un prix différent de celui des autres années du bail ou de la location , il doit être formé un total du prix de toutes les années , lequel sera divisé également , suivant leur nombre , pour la liquidation du droit. Art. 8 de la loi du 27 ventôse an 9.

3. Doivent être considérés pour la liquidation et le paiement du droit , comme baux de neuf années , ceux faits pour trois , six ou neuf ans. Art. 69 , §. 3 de la loi de frimaire.

4. Le droit se liquide sur le prix annuel exprimé dans le bail , en y ajoutant les charges imposées au preneur. Art. 14 et 15 de la loi de frimaire.

5. Le prix des baux *en nature* doit être fixé d'après le taux commun , résultant des mercuriales des 14 dernières années , en retranchant les deux plus fortes et les deux plus foibles , et à défaut , d'après la déclaration estimative des parties. Art. 15 de la loi de frimaire et 75 de celle du 15 mai 1818.

6. Les baux à ferme ou à loyer , sous-baux , cessions et subrogations de baux de biens immeubles faits sous seing privé , sont soumis à l'enregistrement dans les trois mois de leur date , à peine du double droit. Art. 24 et 38 de la loi de frimaire.

7. Le droit de cautionnement des baux à ferme ou à loyer est de la moitié de celui fixé pour les baux. Art. 9 de la loi du 27 ventôse an 9.

8. Les baux à ferme consentis par des hospices et autres établissemens publics , étant assujettis à l'approbation du Préfet , le délai pour l'enregistrement ne court qu'à dater du jour où elle aura été donnée. Art. 2 du décret du 12 août 1807.

9. Les adjudicataires , à titre de régie intéressée des droits d'octroi , sont assujettis , à raison du prix stipulé , aux droits reglés pour les baux. Décision du Ministre des finances du 5 nivôse an 12,

10. Les baux de bancs ou de chaises dans les églises ;
ceux des bacs et passages des rivières, et ceux d'ouvrage
et d'industrie sont assujettis aux mêmes droits. Décis.
du Min. des fin. des 29 ventôse an 12 et 19 janv. 1808.

BAIL *emphytéotique* est celui qui est fait pour un
temps au-dessus de neuf ans et au-dessous de cent ans,
moyennant une prestation ou redevance annuelle. Le
droit en est le même que pour les autres baux.

BAIL *à vie*. Cession de la jouissance d'un immeuble
moyennant un prix annuel payable pendant la vie du
preneur. Le droit est dû à raison de 5 fr. 50 cent. par
100 fr. sur le capital formé de dix fois le prix annuel
en y ajoutant les charges. Art. 69 , §. 6 de la loi de frimaire , et art. 54 de la loi de 1816.

BAIL *à rente perpétuelle ou dont la durée est illimitée*.
1. Le droit est reglé sur le pied de 5 fr. 50 cent. par
100 fr. Art. 52 et 54 de la loi de 1816. Il se liquide
sur un capital formé de vingt fois la rente ou le prix
annuel en y ajoutant toutes les charges tant annuelles
qu'en capital. Cependant l'évaluation au denier 20 n'a
lieu que dans le cas où le bail à rente est fait sans expres-
sion de capital ; car s'il est fixé , comme le preneur ne
serait tenu que de rembourser ce capital, il forme réel-
lement le prix de l'aliénation.

BAIL *de pâturage et de nourriture d'animaux* pour
un tems limité.
Le droit est fixé à 25 cent. par 100 fr. sur le prix
cumulé des deux premières années et à 12 c. et demi
par 100 fr. sur les années suivantes. Art. 69 , §. 1 de la
loi de frimaire.

BAIL *à cheptel et reconnaissance de bestiaux*. Contrat par lequel l'une des parties donne à l'autre un fonds
de bétail pour le garder, le nourrir et le soigner, sous
les conditions convenues entre elles.

1. On en distingue de trois espèces : le cheptel simple, le cheptel à moitié , et le cheptel de fer.

2. Par le premier , un particulier donne à l'autre un fonds de bétail pour le soigner et le gouverner pendant un certain temps , à la charge d'en partager par moitié les laines , ainsi que les croîts et les décroîts , et en convenant en général , que les laitages , fumiers et labeurs appartiendront au preneur. Ce contrat est assujetti au droit de 25 c. par 100 fr. sur le prix exprimé dans l'acte , ou , à défaut , d'après l'évaluation qui sera faite du bétail. Art. 69 , §. 1 de la loi de frimaire.

3. Dans le second , chacune des parties contractantes fournit la moitié des bestiaux pour en retirer en commun le profit. C'est un acte de société , et la perception est réglée sur ce pied, si l'acte n'a ni la forme, ni les effets d'un bail.

4. Le troisième a lieu lorsqu'un particulier donne à ferme sa métairie avec les bestiaux dont elle est garnie , et qu'à l'expiration , le fermier est obligé de laisser une quantité de bestiaux d'une valeur égale à la somme à laquelle ont été évalués, par le bail, ceux laissés à cheptel.

5. Dans cette espèce, le cheptel ne donne pas lieu à un droit particulier , si les bestiaux font partie des objets affermés , parce que l'obligation que contracte le fermier de rendre le bétail en valeur égale est une disposition intégrante du bail ; dans ce cas, le droit est perçu comme bail d'immeubles sur la totalité du prix. Mais le droit de 25 cent. par 100 fr. serait dû pour le cheptel , indépendamment de celui exigible pour le bail à ferme , s'il contenait la clause de partager à moitié le croît et le décroît.

BAIL *à nourriture de personnes* pour un temps limité. Droit de 50 cent. par 100 fr. sur le prix cumulé des années du bail ; mais si la durée était illimitée , l'acte serait assujetti au droit de 2 pour 100 sur le capital au denier 10 de la rétribution annuelle ou sur la somme fixe. Art. 69 , §. 2 de la loi de frimaire.

2. S'il s'agit de baux de nourriture de *mineurs* , il

3

ne sera perçu qu'un demi-droit , ou 25 c. par 100 fr.
sur le montant des années réunies. Même art.

BANQUEROUTE. V. *Faillite.*

BÉNÉFICE *d'inventaire.* V. *Acceptation de succession.*

BILAN. État de l'actif et du passif d'un débiteur en
faillite. Droit fixe de 1 f. Art. 68 , §. 1 de la loi de frim.
Le dépôt qui en est fait aux greffes des tribunaux de
première instance ou de commerce , 3 fr. Art. 44 de
la loi de 1816.

BILLET. Reconnaissance d'une dette avec obligation
de la payer.

1. Toute espèce de billet est assujettie au timbre
proportionnel.

2. Le billet souscrit pour valeur de marchandises
désignées doit le droit de 2 fr. pour 100 fr. , comme
vente de mobilier.

3. Celui souscrit pour prêt en espèces doit le droit
de 1 fr. par 100 fr.

4. Le droit d'enregistrement des billets ou promesses
de payer , se liquide sur la somme exprimée dans l'acte.
Art. 69 et 14 de la loi de frimaire.

BILLETS *à ordre* , au porteur , ou autres effets négociables , à l'exception des lettres de change tirées
de place en place , sont assujettis au droit de 50 cent.
par 100 fr. Ils peuvent n'être présentés à l'enregistrement qu'avec les protêts qui en doivent être faits. Même
article 69.

BILLETS *de loterie particulière* , sont assujettis au
timbre de dimension. Arrêt de la Cour de Cassation
du 30 novembre 1807.

BILLON. Cette monnaie ne peut être employée dans
les paiemens , si ce n'est de gré à gré , que pour l'ap-
point de la pièce de 5 fr. Décret du 18 août 1810.

Bois.

Les adjudications de coupes de bois sont assujetties au droit de 2 fr. par 100 fr. Art. 69 de la loi de frimaire.

Bons *de fournitures militaires* sont sujets au timbre. Ceux des réquisitions de chevaux et denrées en sont exempts. Déc. du Min. des fin. des 18 fructidor an 8 et 19 prairial an 9.

Bordereau *de collocation* est l'extrait du procès-verbal d'ordre délivré par le greffier à chaque créancier utilement colloqué sur le prix d'une vente immobilière. Il est exempt du droit d'enregistrement , mais il doit être délivré sur papier d'expédition et il est assujetti au droit de greffe. Art. 8 de la loi de frimaire , art. 19 de celle du 13 brumaire an 7 , et art. 7 de celle du 21 ventose même année.

Bordereau *d'hypothèques.* V. *Hypothèques.*

Brevet. Acte dont le notaire ne garde pas minute. Il doit être enregistré et porté au répertoire comme les autres actes des notaires , mais il n'est pas nécessaires qu'il soit délivré sur du papier d'expédition. Art. 7 et 41 de la loi de frimaire.

Brevets *d'apprentissage* qui ne contiennent ni obligations , ni quittances , sont assujettis au droit fixe de 1 fr. Art. 68 , §. 1 de la loi de frimaire.

1. S'ils contenaient stipulation de sommes ou valeurs mobilières , payées ou non , il serait dû 50 cent. par 100 fr. Art. 69 , §. 2.

Bureaux *de l'Enregistrement.*

1. Ils doivent être ouverts au public tous les jours pendant 8 heures , excepté les dimanches et fêtes reconnues.

2. Les officiers publics doivent y apporter leurs actes , et les parties y passer leurs déclarations de mutations par décès , à l'effet d'acquitter les droits qui en résultent , dans les délais et sous les peines portées par la loi.

3. Il est défendu aux receveurs d'enregistrer des actes qui ne doivent point l'être à leur bureau. Ord. gén. de régie.

4. Les notaires ne peuvent faire enregistrer leurs actes qu'aux bureaux dans l'arrondissement desquels ils ont leur résidence légale. Art. 26 de la loi de frim.

5. Les huissiers et tous autres ayant pouvoir de faire des exploits, procès-verbaux ou rapports sont tenus de faire enregistrer leurs actes soit au bureau de leur résidence, soit au bureau du lieu où ils les ont faits. Même article.

6. Les ventes de meubles aux enchères doivent être enregistrées au bureau où la déclaration de la vente a été faite. Art. 6 de la loi du 22 pluviose an 7.

7. Les greffiers des tribunaux et secrétaires des administrations doivent faire enregistrer leurs actes aux bureaux dans l'arrondissement desquels ils exercent leurs fonctions. Art. 26 de la loi de frimaire, et art. 6 de celle du 27 ventose an 9.

8. Les actes sous seing privé et ceux passés en pays étranger peuvent être enregistrés dans tous les bureaux indistinctement. Art. 26 de la loi de frimaire.

9. Les mutations de propriété ou d'usufruit par décès doivent être enregistrées au bureau de la situation des biens.

10. S'il s'agit d'une mutation, au même titre, de biens meubles, la déclaration doit en être faite au bureau dans l'arrondissement duquel ils se sont trouvés au décès de l'auteur de la succession.

11. Les rentes et les autres biens meubles sans assiette déterminée, lors du décès, doivent être déclarés au bureau du domicile du décédé. Art. 27 de la loi de frimaire.

Bureaux de paix.

1. Tous les procès-verbaux des bureaux de paix desquels ils ne résulte aucune disposition donnant lieu au droit proportionnel, ou dont le droit proportionnel ne s'élèverait pas à un fr., sont sujets au droit fixe de 1 fr. Art. 68 de la loi de frimaire.

2. Les cédules pour appeler en conciliation sont exemptes de l'enregistrement, art. 70 ; mais leurs significations y sont sujettes au droit de 1 fr. Art. 68. V. *Exploit.*

C

CAHIER des charges, clauses et conditions d'un bien à vendre, affermer ou louer, ou d'autres objets d'entreprise quelconque, s'il est rédigé séparément du contrat, opère le droit fixe de 1 fr. Art. 68, §. 1 de la loi de frimaire.

Il n'opère point de droit, s'il fait partie du contrat ; mais dans tous les cas il doit être rédigé sur papier timbré.

CAISSE. Lieu où les comptables des deniers publics tiennent l'argent de leurs recettes.

Tout receveur, caissier, dépositaire ou préposé quelconque de deniers publics ne pourra obtenir décharge d'aucun vol, s'il n'est justifié qu'il est l'effet d'une force majeure, et que le dépositaire, outre les précautions ordinaires, avait eu celle de coucher ou de faire coucher un homme sûr dans le lieu où il tenait les fonds, et en outre si c'était au rez-de-chaussée, de le tenir solidement grillé. Arrêté du 8 floréal an 10.

CALCUL DÉCIMAL. Doit être employé dans les actes, perceptions et comptes.

CARTES *de sûreté.* Exemptes de l'enregistrement et du timbre. Art. 70 de la loi de frimaire, et art. 16 de celle du 13 brumaire an 7.

CARTES *d'avis et annonces.* Sont assujetties au timbre d'un centime. Art. 66 et 67 de la loi de 1816. V. *Affiches et Avis.*

CARTOUCHES délivrées aux militaires. Exemptes du timbre. Art. 70 de la loi de frimaire, et art. 16 de celle de brumaire an 7.

CASSATION (Cour de). Le premier acte de recours en cassation , soit par requête , mémoire ou déclaration en matière civile , de police simple ou de police correctionnelle , et les arrêts définitifs de cette Cour , sont assujettis au droit fixe de 25 fr. Art. 47 de la loi de 1816.

Ces droits sont perçus par le receveur établi près la Cour de cassation.

La cassation est la seule voie ouverte contre les jugemens en matière de droits d'enregistrement , timbre , greffes et hypothèques , et le délai pour se pourvoir est de trois mois. Art. 65 de la loi de frimaire , 17 de celle du 27 ventose an 9 , et loi du 1 frimaire an 2.

CATALOGUE *de livres.* Ils sont assujettis au timbre par l'art. 1 de la loi du 6 prairial an 7 , et l'art. 70 de la loi de 1816.

Les annonces, prospectus et catalogues de librairie , et ceux d'objets relatifs aux sciences et arts sont exempts du timbre. Art. 76 de la loi du 25 mars 1817, et 83 de celle du 15 mai 1818.

CAUTION. V. *Acceptation , Certificat , et Soumission de caution.*

1. CAUTIONNEMENT. Les cautionnemens de sommes et objets mobiliers , les garanties mobilières , et les indemnités de même nature, sont assujettis au droit de 50 cent. par 100 fr. , indépendamment de celui de la disposition principale , mais sans pouvoir l'excéder. Art. 69 , §. 2 de la loi de frimaire.

2. Les cautionnemens de se représenter en justice ou de représenter un tiers , en cas de mise en liberté provisoire , soit en vertu d'un sauf-conduit dans les cas prévus par le code de commerce ou de procédure, soit en matière civile , correctionnelle ou criminelle , sont fixés au droit de 50 cent. par 100 fr. Art. 50 de la loi de 1816.

3. Les cautionnemens des comptables envers l'Etat sont assujettis au droit de 25 cent. par 100 fr. Art. 69 ,

§. 2 de la loi de frimaire. Sont assimilés ceux fournis pour faute de paiement du débet d'un comptable qui n'est plus en fonctions.

4. Ceux des baux à ferme et à loyer sont de moitié du droit fixé pour les baux, quand même ils seraient passés par acte séparé ; avec la différence cependant que s'ils étaient passés postérieurement, le droit ne serait liquidé qu'en raison des années qui resteraient a courir. Art. 9 de la loi du 27 ventose an 9.

5. Le certificat de cautionnement est réglé au droit fixe de 2 fr. par l'art. 43 de la loi de 1816 ; mais s'il était fait au greffe des tribunaux, il serait de 3 fr. Art. 44.

6. Il suffit qu'un acte produise l'effet du cautionnement pour que le droit en soit exigible, quand même la stipulation de cautionnement n'y serait pas nominativement exprimée.

7. Un cautionnement fourni pour en remplacer un autre est passible du droit que les cautionnemens comportent, à moins qu'il ne fut refait pour cause de nullité radicale. Art. 68, §. 1 de la loi de frimaire.

8. Sont assujettis au droit fixe d'un franc, suivant l'art. 68, §. 1 de la loi de frimaire, les cautionnemens faits :

Par les adjudicataires du service des ponts et chaussées, de la navigation, et des ports maritimes et de commerce. Décr. du 25 germinal an 13 ;

Par les conservateurs des hypothèques. Art. 5 de la loi du 21 ventose an 7 ;

Par les contrevenans pour représenter les objets saisis par les préposés des droits réunis. Décis. du Min. des fin. du 25 novembre 1806 ;

Par les adjudicataires de marchés pour constructions, réparations, entretiens, approvisionnemens et fournitures dont le prix doit être payé, directement ou indirectement, par le trésor royal. Art. 73 de la loi du 15 mai 1818.

CÉDULES *des Juges de paix.* Sont exemptes de l'enregistrement, mais assujetties au timbre. La signification

qui en est faite est soumise à la formalité de l'enregistrement comme les autres exploits. Art. 70 , §. 3 de la
loi de frimaire , et Art. 12 de celle du 13 brumaire
an 7.

CENTIME.

Il n'y a point de fraction de centime dans la liquidation des droits. Lorsqu'une fraction de somme ne produit pas un centime de droit , le centime est perçu au
profit du trésor. Art. 5 de la loi de frimaire.

CERTIFICATS *de cautions et de cautionnemens*. Droit
fixe de 2 fr. Art. 43 de la loi de 1816.

CERTIFICATS.

1. *Purs et simples* sont sujets au timbre de dimension et au droit fixe de 1 fr. Art. 68 , §. 1 de la loi de
frimaire.

2. Sont encore assujettis aux mêmes formalités les
certificats d'apprentissage ; ceux délivrés par les greffiers des tribunaux de première instance dans les cas
prévus par le code ; ceux produits pour le remboursement des cautionnemens ; ceux de moralité ; ceux de
résidence , excepté lorsqu'ils sont délivrés aux créanciers de l'État pour obtenir liquidation ou inscription
au grand livre , auquel cas ils sont exempts du timbre
et de l'enregistrement.

3. Les certificats seulement assujettis au timbre sont
ceux qui ne sont pas de nature à être produits en justice; ceux de contribution ; ceux de capacité aux écoles
de droit ; ceux de non-inscription ou transcription aux
hypothèques ; ceux qui constatent l'inscription au
tableau des jugemens d'interdiction ; ceux de publication , d'opposition , ou de célébration de mariage.

4. Les certificats exempts du timbre et de l'enregistrement sont : ceux de non-divorce délivrés aux veuves
des militaires ; ceux d'inscription aux écoles de droit ,
et ceux délivrés pour le service militaire.

CERTIFICATS *de vie*, par chaque individu. Droit fixe de 1 fr. Art. 68 , §. 1 de la loi de frimaire.

1. Ceux pour recevoir des rentes ou pensions sur l'État doivent être reçus exclusivement par les notaires certificateurs. Ils sont exempts de l'enregistrement et expédiés sur petit papier de dimension. Art. 10 du décr. du 21 août 1806.

2. Il en est de même des pensionnaires de la liste civile. Déc. du Min. des fin. du 17 février 1817.

3. Les certificats de vie délivrés par les notaires certificateurs, aux titulaires de pensions militaires définitives, connues sous la dénomination de soldes de retraite, sont exempts du timbre. Ord. du 20 juin 1817.

CESSION. V. *Actions*, *Baux*, *Rentes*, *Vente de meuble*, *Vente d'immeubles*.

Les cessions de créances à terme sont assujetties au droit de 1 fr. par 100 fr. qui se liquide sur le capital de la créance et non sur le prix de la cession. Art. 14 et 69 , §. 3 de la loi de frimaire.

Cession de rang de priorité d'hypothèque entre deux créanciers utilement colloqués. Droit fixe de 1 fr. Art. 68 , §. 1 de la loi de frimaire.

Cession judiciaire. V. *Abandonnement de Biens.*

CHARGES (les) doivent être ajoutées au prix des actes de transmissions, et ne se déduisent pas dans les déclarations de successions.

CHARGEMENT *par mer* , doit un droit de 3 fr. pour chaque personne à qui les envois sont faits. Art. 44 de la loi de 1816.

CHARTE-PARTIE , AFFRÈTEMENT , NAULIS. Même droit que pour les baux à loyer.

CHEPTEL. V. *Bail à Cheptel.*

CITATION. V. *Exploit.*

CLAUSE. Il est dû un droit d'enregistrement pour

toutes les clauses d'un acte indépendantes ou ne dérivant pas nécessairement les unes des autres. Art. 11
de la loi de frimaire.

CLÔTURE *d'inventaire*. N'opère aucun droit particulier d'enregistrement, d'après l'Art. 1456 du code civil,
en ce que la clôture est une partie intégrante de l'inventaire comme étant ordonnée par la loi.

CODICILLE. S'il contient libéralité, il opère le droit
fixe de 5 fr., et s'il contient seulement confirmation ou
réduction de legs, ou déclaration de mourir *ab intestat*, il ne donne lieu qu'au droit fixe de 1 fr. Art. 45
de la loi de 1816 et 68, §. 1 de celle de frimaire.

COHÉRITIERS, COLÉGATAIRES, COLLATÉRAUX. V.
Succession.

COLLATION. Comparaison d'une pièce avec son original.
1. La collation d'actes et pièces ou des extraits
d'iceux, par quelque officier public qu'elle soit faite,
est sujette au droit fixe de 1 fr.
2. Il est dû un droit pour chaque acte, pièce ou
extrait collationné.
3. Ces collations peuvent être faites sur papier timbré de toute espèce de dimension.
4. Celles des extraits faits par un notaire, sur les
actes qu'il a reçus, ou qui lui ont été déposés, ne sont
pas sujettes à l'enregistrement, parce qu'elles ne sont
que des expéditions de ces actes ; mais elles doivent
être délivrées sur papier d'expédition. Art. 68, §. 1 de
la loi de frimaire, et 63 de celle de 1816.

COLLOCATION. Ordre ou rang dans lequel sont placés des créanciers pour être payés.
Le procès-verbal d'ordre ou état de collocation est
assujetti, avant que les bordereaux puissent en être
délivrés, au droit de 50 cent. par 100 fr. ; ou au droit
fixe de 5 fr., si le droit proportionnel ne s'élève point

à cette somme. Art. 69 , §. 2 de la loi de frimaire , et Art. 45 de celle de 1816.

2. Les bordereaux ou expéditions par extrait du procès-verbal d'ordre sont exempts de l'enregistrement et assujettis seulement aux droits de greffes.

COLONIES. Actes passés dans les colonies. V. *Actes des notaires.*

COMMAND. V. *Déclaration de command.*

COMMANDEMENT. V. *Exploit.*

COMMISSIONS.

Celles délivrées pour des fonctions publiques ne sont point sujettes au droit d'enregistrement. Art. 70 , §. 3 de la loi de frimaire.

Celles des employés des administrations sont sujettes au timbre. Décis. du Min. des fin. du 22 brumaire an 7.

Celles délivrées pour garder les biens des communes ou des propriétés particulières sont assujetties au droit d'enregistrement de 1 fr. fixe , s'il n'est pas désigné de traitement , et au droit de 1 fr. par 100 fr. s'il est stipulé un traitement. Art. 68 , §. 1 , et 69 , §. 3 de la loi de frimaire.

La commission du président d'un tribunal à un juge pour procéder à interrogatoire sur faits et articles , ou à un huissier pour faire des significations ou notifications doit être enregistrée au droit fixe de 3 fr. Art. 44 de la loi de 1816.

COMMUNAUTÉ *de Biens* entre conjoints.

1. La stipulation qui en est faite dans le contrat de mariage ne donne lieu à aucun droit.

2. L'acte par lequel des époux rétablissent entre eux la communauté dissoute par la séparation n'est sujet qu'au droit fixe de 2 fr. Art. 43 , §. 7 de la loi de 1816.

3. Les dissolutions de communauté , pures et sim-

ples , sans obligation ni libération , et par acte séparé ,
sont sujettes au droit fixe de 3 fr. Art. 68 , §. 3 de la
loi de frimaire.

4. La dissolution prononcée par jugement de tribunal de 1.ere instance est assujettie au droit de 15 fr. ;
et par arrêt de cour d'appel, au droit de 25 fr. Art. 68 ,
§. 6 de la loi de frimaire , et 47 , §. 7 de celle de 1816.

5. La renonciation à communauté n'opère point un
droit de mutation.

COMMUNICATION.

1. Les actes de communication de pièces , avec ou
sans déplacement , passés aux greffes des tribunaux
civils , sont sujets au droit fixe de 3 fr. Art. 44 de la loi
de 1816 , et 68 , §. 2 de celle de frimaire.

2. Les dépositaires des registres de l'État civil , ceux
des rôles des contributions , et tous autres chargés des
archives et dépôts des titres publics , sont tenus de les
communiquer , sans déplacer , aux préposés de l'administration de l'enregistrement , à toute réquisition ,
et de leur laisser prendre , sans frais , les renseignemens , extraits et copies qui leur sont nécessaires pour
les intérêts de l'État , à peine de 50 fr. d'amende pour
chaque refus constaté par procès-verbal du préposé ,
qui doit se faire accompagner par le maire ou l'adjoint
de la commune du lieu , et dresser procès-verbal du
refus en sa présence.

3. Les notaires , huissiers , greffiers , secrétaires des
préfectures et mairies (V. *Actes administratifs*, n.° 4.)
sont également tenus de donner communication aux
préposés de l'administration , de leurs répertoires et
des actes dont ils sont dépositaires , à l'exception des
testamens et autres actes à cause de mort dont il ne
doit être donné communication qu'après le décès des
testateurs.

4. Ces communications ne peuvent être exigées les
jours de repos ; et les séances dans chaque autre jour
ne peuvent durer plus de 4 heures de la part des pré-

posés, dans les dépôts où ils font leurs recherches. Art.
54 de la loi de frimaire an 7.

5. Les receveurs des droits et revenus de communes
et de tous autres établissemens publics, les dépositaires des registres et minutes d'actes concernant l'administration des biens des hospices, fabriques des
églises, chapitres et autres établissemens publics sont
tenus de communiquer, sans déplacer, à toute requi-
sition, aux préposés de l'enregistrement, leurs registres et minutes d'actes, à l'effet, par lesdits préposés,
de s'assurer de l'exécution des lois sur le timbre et l'enregistrement. Art. 1 du décr. du 4 messidor an 13.

6. Les receveurs de l'enregistrement doivent communiquer, sans déplacer, aux contrôleurs des contributions directes, les actes concernant les domaines
de l'État, ainsi que les tables alphabétiques et même les
registres, pour y recueillir les renseignemens qui leur
sont nécessaires. Décis. du Min. des fin. du 17 prairial
an 9.

COMPENSATION (la) étant une libération réciproque
entre deux individus qui se trouvent en même temps
créanciers et débiteurs l'un de l'autre, il ne peut y
avoir deux dispositions indépendantes, et il ne doit
être perçu qu'un seul droit.

COMPROMIS ou nomination d'arbitres qui ne contiennent aucune obligation de sommes et valeurs donnant lieu au droit proportionnel, sont sujets au droit
fixe de 3 fr. Art. 44 de la loi de 1816.

COMPTABLE. V. *Caisse*, *Cautionnement*, *Compte*,
Hypothèques et *Receveur*.

COMPTE.

1. Les arrêtés de compte à l'amiable ou devant notaires, lorsqu'ils ne contiennent ni obligation ni libération, sont sujets au droit fixe de 1 fr. Art. 68, §. 1 de
la loi de frimaire.

2. L'arrêté de compte judiciaire doit le droit fixe de 5 fr. Art. 45 de la loi de 1816.

3. Lorqu'il contient obligation de sommes ou valeurs, il doit 1 fr. par 100 fr.

4. Il est dû 50 cent. par 100 fr. sur le réliquat soldé par le compte.

5. Ce même droit est exigible sur les quittances produites à l'appui du compte qui ne se trouvent pas enregistrées, ou qui ne sont pas exemptes de cette formalité. -- Les seules quittances exemptes de l'enregistrement sont celles des fournisseurs, ouvriers, maîtres de pension, et autres de même nature. Art. 537 du C. de P. C.

6. Sont exempts du timbre et de l'enregistrement les comptes de recettes ou gestions publiques, et les doubles autres que celui du comptable de chaque compte de recette ou gestion particulière. Art. 16 de la loi du 13 brumaire an 7.

COMPULSOIRE.

1. Les ordonnances de compulsoire des tribunaux civils sont sujettes au droit fixe de 3 fr. et celles des cours d'appel au droit de 5 fr. Art. 44. et 45 de la loi de 1816.

2. Les extraits des registres de l'enregistrement ne peuvent être délivrés que sur une ordonnance de compulsoire du juge de paix, lorsqu'ils ne sont point demandés par les parties, et le droit de cette ordonnance est de 1 fr. fixe. Art. 58 et 68, §. 1 de la loi de frimaire.

CONCILIATION.

Les procès-verbaux de conciliation ou non-conciliation qui ne contiennent aucune disposition donnant lieu au droit proportionnel ou dont le droit proportionnel ne s'élèverait pas à 1 fr., doivent le droit fixe de 1 fr. Art. 68, §. 1 de la loi de frimaire. V. *Actes judiciaires.*

CONCLUSIONS, remises par les avoués aux huissiers

pour en faire lecture à l'audience sont assujetties au timbre. Décis. du Min. de la just. des 15 messidor an 6 et 26 brumaire an 10.

CONCORDAT. V. *Atermoiement.*

CONGÉ *militaire* et *Congé maritime*. Sont exempts du timbre et de l'enregistrement. Art. 16 , §. 1 de la loi de brumaire , et 70 , §. 5 de celle de frimaire an 7.

CONGÉ *en matière de louage*. Doit le droit de 1 fr. fixe s'il est fait par acte de notaire. Art. 68 , §. 1 de la loi de frimaire , et s'il est fait par acte d'huissier , il doit 2 fr. Art. 43 de la loi de 1816.

2. Si le congé est accepté , et qu'il fasse cesser la jouissance avant l'époque fixée par le bail, il y a rétro-cession , et le droit proportionnel est dû en conséquence.

3. Les jugemens des juges de paix portant validité de congé doivent 2 fr. fixe. Art. 68 , §. 2 de la loi de frimaire.

4. Le congé de demande prononcé par un tribunal de première instance , de commerce ou d'arbitres , opère le droit fixe de 5 fr. Art. 45 de la loi de 1816 ; et prononcé par une cour royale, il opère le droit fixe de 10 fr. Art. 46.

CONGÉS et PASSAVANTS. V. *Acquit.*

CONGRÉGATIONS *hospitalières*. V. *Hospices.*

CONNAISSEMENT ou *reconnaissance de chargement par mer.* Droit fixe de 3 fr. Art. 44 de la loi de 1816. Il est dû un droit par chaque personne à qui les envois sont faits.

CONSCRITS. Les actes faits entre eux et leurs rempla-cans sont soumis, sur le montant des indemnités promi-ses , au droit de 1 pour cent. Déc. du 3 floréal an 13.

CONSEIL D'ÉTAT.
Le premier acte de recours devant les conseils de

S. M. , soit par requête, mémoire ou déclaration, en matière civile, de police simple ou de police correctionnelle, et les arrêts définitifs sont assujetis au droit fixe de 25 fr. Art. 47 de la loi de 1816.

Les écritures des parties signées par les avocats au conseil, doivent être sur papier timbré. Décr. du 22 juillet 1806.

CONSEIL *de famille.* V. *Avis de Parens.*

CONSEIL de *tutelle.* V. *Tutelle.*

CONSEIL de *préfecture.*

1. Les arrêtés confirmant la jouissance de droits de pâturage, pacage et glandées en faveur de communes. Droit fixe de 1 fr. Art. 68, §. 1 de la loi de frimaire.

2. Ceux qui déclarent des engagistes propriétaires incommutables, ceux qui autorisent des radiations d'inscriptions. Droit fixe de 2 fr. Art. 43, §. 7 de la loi de 1816.

CONSENTEMENT *pur et simple.* Droit fixe de 2 fr. Art. 43 de la loi de 1816.

CONSERVATEUR *des hypothèques.* V. *Hypothèques.*

CONSIGNATION. V. *Dépôt.*

CONSTITUTION. *d'avoué.* V. *Avoué.*

CONSTITUTION *de dot.* V. *Contrat de Mariage.*

CONSTITUTION *de rentes* soit perpétuelles, soit viagères, et de pension à titre onéreux sur une ou plusieurs têtes. Droit 2 pour cent sur le capital constitué et aliéné. Art. 14 et 69, §. 5 de la loi de frimaire.

Si la constitution est faite à titre gratuit, le droit se liquide sur un capital au denier 20 de la rente perpétuelle, et au denier 10 de la rente viagère à raison ; savoir :

1.º En ligne directe , par acte entre vifs , 1 fr. 25 cent. par 100 fr., et par acte à cause de mort, 25 cent. par 100 fr. lors du décès. Art. 69 , paragraphes 1 et 4 de la loi de frimaire.

2.º Entre époux , 1 fr. 50 cent. par 100 fr.

3.º Entre frères , sœurs, oncles , tantes , neveux et nièces , et autres personnes au degré successible , 2 fr. 50 cent. par 100 fr.

4.º Entre toutes autres personnes , 3 fr. 50 cent. par 100 fr.

Lorsque la donation entre vifs est faite par contrat de mariage , il n'est dû que moitié droit. Art. 53 de la loi de 1816.

L'acte de conversion d'une rente viagère en rente perpétuelle , ou d'une rente perpétuelle en rente via‑ gère , ne changeant rien à l'obligation principale , n'opère qu'un droit fixe de 1 fr.

CONSULTATIONS *d'avocats , jurisconsultes ou avoués,* sont sujettes au timbre. Art. 12 de la loi du 13 bru‑ maire an 7.

CONTESTATIONS sur la perception et le recouvrement des droits d'enregistrement , de timbre , de greffe et d'hypothèques , ne peuvent suspendre le paiement des droits , sauf restitution. Art. 28 , §. 5 de la loi de fri‑ maire. V. *Instances* et *Droits d'enregistrement.*

CONTRAINTE. Le premier acte de poursuite pour le recouvrement des droits d'enregistrement , de timbre, de greffe et d'hypothèques , et des peines et amendes y relatives, est une contrainte ; elle est décer‑ née par le receveur ou préposé de la régie ; elle est visée et déclarée exécutoire par le juge de paix du can‑ ton où le bureau est établi , et elle est signifiée à per‑ sonne ou domicile.

2. L'exécution de la contrainte ne peut être inter‑ rompue que par une opposition formée par le redeva‑ ble , et motivée avec assignation à jour fixe devant le tribunal de première instance de l'arrondissement. Dans ce cas , l'opposant sera tenu d'élire domicile dans la commune où siege le tribunal. Art. 64 de la loi de frimaire , et 76 de celle du 28 avril.

3. Les procès-verbaux rapportés en matière d'enregistrement, de greffe, de timbre ou d'hypothèques, ne doivent pas contenir assignation devant le tribunal, mais doivent être suivis d'une contrainte.

4. La suite de la contrainte a lieu comme s'il y avait jugement ; elle n'est arrêtée que par opposition avec assignation devant le tribunal.

CONTRAINTE *par corps.* A lieu pour le recouvrement des amendes encourues par les imprimeurs, afficheurs et distributeurs d'annonces, affiches et avis qui ne seraient pas sur papier timbré. Art. 69 de la loi de 1816.

CONTRAT est une convention par laquelle une ou plusieurs personnes s'obligent envers une ou plusieurs autres, à donner, à faire ou à ne pas faire quelque chose.

1. Le contrat est synallagmatique ou bilatéral, lorsque les contractans s'obligent réciproquement les uns envers les autres.

2. Il est unilatéral, lorsqu'une ou plusieurs personnes sont obligées envers une ou plusieurs autres, sans que, de la part de ces derniers, il y ait d'engagement.

3. Il est commutatif, lorsque chacune des parties s'engage à donner ou à faire une chose qui est regardée comme l'équivalent de ce qu'on lui donne ou de ce qu'on fait pour elle.

4. Lorsque l'équivalent consiste dans la chance de gain ou de perte pour chacune des parties, d'après un événement incertain, le contrat est aléatoire.

5. Le contrat de bienfaisance est celui dans lequel l'une des parties procure à l'autre un avantage purement gratuit.

6. Le contrat à titre onéreux est celui qui assujettit chacune des parties à donner ou à faire quelque chose. Art. 1101 et suiv. du code civil.

CONTRAT *de mariage.*

1. Toutes conventions matrimoniales doivent être rédigées avant le mariage par acte devant notaire, et ne

peuvent recevoir aucun changement après la célébration. Art. 1394 et 1395 du C. C. Voyez ces art. et les
suivans.

2. Les contrats de mariage qui ne contiennent d'autres dispositions que des déclarations , de la part des
futurs , de ce qu'ils apportent eux-mêmes en mariage
et se constituent , sans aucune stipulation avantageuse
entre eux , sont sujets au droit fixe de 5 fr. Art. 45 de
la loi de 1816.

3. Ce droit est dû dans tous les cas , indépendamment de ceux résultant de dispositions donnant lieu
au droit proportionnel. Art. 11 de la loi de frimaire.

4. La reconnaissance énoncée dans les contrats de
la part des futurs d'avoir reçu la dot apportée par la
future , ne donne pas lieu à un droit particulier , quand
même partie d'icelle consisterait en objets mobiliers
mis à prix dans le contrat. Art. 68 , §. 3 de la loi de
frimaire , et décis. min. des 12 et 22 mai 1810.

5. Les dispositions de libéralité soumises à l'évènement du décès , qui sont faites par contrat de mariage
entre les futurs , donnent lieu à un droit particulier
de 5 fr. fixe, indépendamment de celui du contrat. Art.
45 de la loi de 1816. Un pareil droit est dû sur semblables dispositions en faveur des futurs par d'autres
personnes. Même article.

6. Les droits des donations entre-vifs faites par
contrat de mariage aux futurs , de propriété ou d'usufruit de biens meubles et immeubles , sont réglés ainsi
qu'il suit :

Pour les immeubles, (y compris 1 fr. 50 c. par 100 fr. pour
la transcription aux hypothèques suivant l'art. 54 de la loi de
1816.) En ligne directe, 2 fr. 75 c. par 100 fr. ; entre époux ,
3 fr. par 100 fr.; entre frères , sœurs , oncles , tantes , neveux , nièces et autres parens au degré successible. 4 fr. par
100 fr. ; et entre toutes autres personnes , 5 fr. par 100 fr.

Pour les biens meubles , en propriété ou usufruit , en ligne
directe , 62 c. et demi par 100 fr.; entre époux 75 c. par 100 fr. ,
entre frères , sœurs , oncles , tantes , neveux , nièces et autres
personnes au degré successible , 1 fr. 25 c. par 100 fr. ; et entre toutes autres personnes , 1 fr. 75 c. par 100 fr. Art. 69 , paragraphe 6 et 4 de la loi de frimaire, et art. 53 de celle de 1816.

7. Il doit être perçu le droit fixé pour les donations de simples créances., sur les donations de sommes payables en argent ou immeubles, au choix du dona-teur. L'acte postérieur par lequel des immeubles sont délivrés au donataire, n'est passible que du droit ré-glé pour les donations d'immeubles, en imputant sur ce droit celui qui a déjà été perçu pour l'acte primitif. *Déc. du Min. des fin. du 3 février 1817.*

8. Si dans un contrat de mariage le père du futur reçoit la dot, il est dû 1 fr. par 100 fr. comme obliga-tion ; mais s'il la reçoit conjointement avec son fils, ce droit n'est dû que sur la moitié de la somme, à moins qu'il ne se fût obligé solidairement, cas auquel le droit serait dû sur la totalité.

9. Si dans la donation aux futurs il leur est imposé des charges, cette clause ne changeant rien à la nature de la convention, ne doit rien changer à la liquidation des droits.

CONTRATS *d'assurance.* Le droit est réglé à 1 f. par 100 fr. sur la valeur de la prime.

En temps de guerre il n'est dû qu'un demi-droit. Art. 51 de la loi de 1816.

CONTRAVENTION. V. *Actes, Affiches, Greffiers, Huissiers, Notaires, Secrétaires, Successions, Timbre.*

CONTRE-LETTRE. Toute contre-lettre faite *sous signature privée*, qui aurait pour objet une augmen-tation du prix stipulé dans un acte public, ou dans un acte sous seing privé précédemment enregistré, est dé-clarée nulle et de nul effet (tant dans l'intérêt privé des parties que dans celui d'un tiers ou du fisc). Néan-moins lorsque l'existence en sera constatée, il y aura lieu d'exiger, à titre d'amende, une somme triple du droit qui aurait eu lieu sur les sommes et valeurs ainsi stipulées. Art. 40 de la loi de frimaire.

2. On ne doit pas considérer comme contre-lettre une déclaration qui n'augmente pas le prix stipulé dans

un acte, mais qui porterait que cet acte n'est pas sé-
rieux, et doit être regardé comme nul. Ce serait dans
ce cas un résiliement ou une rétrocession.

3. La contre-lettre est ordinairement regardée défa-
vorablement.

CONTRIBUTION. V. *Jugemens, Communication,
Exploits, Mutation, Quittances, Rôles.*

CONVENTIONS *verbales.* Lorsqu'une condamnation
est rendue sur une demande non établie, *par un titre
enregistré et susceptible de l'être*, le droit auquel l'objet de la demande aurait donné lieu, s'il avait été convenu par acte public, doit être perçu indépendamment du droit dû pour l'acte ou le jugement qui a prononcé la condamnation. Art. 69, §. 2 de la loi de frimaire.

2. L'administration de l'enregistrement est fondée
à réclamer le droit des mutations verbales d'immeubles, lorqu'elles sont constatées de la manière prescrite par l'art. 12 de la loi de frimaire.

COPIES *d'actes, écritures et jugemens*, doivent être
faites en papier timbré. Loi du 13 brumaire an 7, et
art. 63 de celle de 1816.

COTE *et paraphe* des registres des négocians, est
assujettie au droit d'enregistrement d'un fr. fixe. Art 73
de la loi de 1816.

COUPES *de bois.* V. *Adjudication, Vente.*

COURS de *Cassation* et *d'Appel.* V. *Cassation, Appel,* et *Arrêts.*

COURTIERS. Ils peuvent passer des traités de vente
de marchandises et de navires. Ils remplissent dans ce
cas le ministère des notaires, et doivent faire enregistrer ces actes dans les dix jours de leur date et en acquitter les droits ; mais il n'en est pas ainsi des négo-
ciations dont ils sont chargés, et qui ne sont constatées,

que par leur carnets ou registres. Décis. du Min. des
Fin. des 4 vendémiaire et 15 ventose an 12.

CRÉANCE. V. *Affirmation*, *Cession*, *Délégation*.

CRÉDIT (prêter, donner, ouvrir, lettres de). Ces
actes doivent les droits comme vente ou obligation.

CURATEUR. Les nominations des curateurs sont sujettes au droit fixe de 2 fr. Art. 68, §. 2 de la loi de
frimaire, et art. 43 de celle de 1816. Si elles avaient
lieu devant un tribunal de première instance, le droit
serait de 3 fr. fixe, Art. 44 de la loi de 1816.

D

DATE.

1. Les jugemens, les actes des notaires, et ceux des
autorités constituées ont une date certaine.

2. Un acte sous seing privé n'acquiert une date certaine que par son enregistrement ou par sa relation
dans un acte authentique, ou par le décès de l'une des
parties contractantes. C. C. Art. 1328. V. *Actes des
notaires*, *Actes sous seing privé*, *Délai*, *Prescription*.

DATION *en paiement*. Abandon de tout objet mobilier ou immobilier en paiement d'une dette. V. *Vente
de meubles*, *Vente d'immeubles*.

DÉBET. Somme due par un comptable après l'arrêté de son compte.

1. L'acte ou procès-verbal qui constate le débet d'un
comptable de contribution publique, ainsi que l'exploit de signification qui en est faite, doivent être enregistrés *gratis*, ou moyennant le droit, suivant que le
débet est de 25 fr. et au-dessous, ou qu'il excède cette
somme.

2. Quant aux actes qui doivent être enregistrés ou
visés pour timbre en débet. V. *Visa*, et *Actes judiciaires*.

DÉBOUTÉ *d'opposition*. Prononcé par jugement des juges de paix, est assujetti au droit fixe de 2 fr. Art. 68 de la loi de frimaire ; par les tribunaux de police correctionnelle et les cours criminelles, est assujetti au droit fixe de 1 fr. même article ; par les tribunaux de première instance, de commerce et d'arbitrage, est assujetti au droit fixe de 5 fr. ; et à celui de 10 fr. lorsque les jugemens sont prononcés par les cours Royales. Art. 45 et 46 de la loi du 28 avril.

DECÈS. V. *Actes de l'état civil, Succession.*

DÉCHARGE *pure et simple* et récépissés de pièces, même les décharges de dépôts et consignations de sommes et effets mobiliers données aux officiers publics par les déposans ou leurs héritiers, lorsque la remise des effets déposés leur est faite. Droit fixe de 2 fr. Art. 43 de la loi du 28 avril.

Si cet acte a lieu au greffe du tribunal civil, il doit être perçu 3 fr. Art. 44, et s'il est fait au greffe des tribunaux criminels ou correctionnels, il n'est dû que 1 fr. Art. 68 de la loi de frimaire.

DÉCHÉANCE *d'appel*, prononcée par les tribunaux de première instance, de commerce ou d'arbitrage, doit le droit fixe de 5 fr. ; et par les cours Royales, le droit fixe de 10 fr. Art. 45 et 46 de la loi du 28 avril.

DÉCIME *par franc* établi par une loi du 6 prairial an 7, et maintenu par des lois postérieures, notamment par celles des 28 avril 1816 et 15 mai 1818, sur les amendes, les droits d'enregistrement, de greffes, d'hypothèques, et du timbre des journaux, papier musique, catalogues, prospectus, et livres de commerce.

DÉCLARATION *pure et simple* en matière civile et de commerce, et pour un fait dont il ne résulte ni libération, ni obligation, ni transmission. Droit fixe de 2 fr. Art. 43 de la loi du 28 avril.

2. Lorsqu'il en résulte une transmission mobilière ou immobilière, obligation ou libération, et que l'acte n'a pas le caractère d'une déclaration de command faite en temps utile et dans la forme légale, le droit proportionnel est dû suivant l'article de la loi auquel la disposition se rapporte.

3. Les déclarations par les tiers-saisis, quand même elles contiendraient reconnaissance d'une dette, ne sont passibles que du droit fixe de 2 fr. Déc. du Min. des fin. du 18 avril 1809.

4. Les déclarations fournies en vertu du décret du 22 décembre 1812, par les titulaires de cautionnemens, en faveur de leurs bailleurs de fonds, pour leur faire acquérir le privilège de second ordre, opèrent le droit proportionnel de 1 pour cent, à moins qu'elles puissent être considérées comme le complément d'un acte d'emprunt *déjà enregistré au droit proportionnel.* Dans ce dernier cas elles ne sont passibles que du droit fixe de 1 fr. Art. 3 dudit décret.

DÉCLARATION *de command et d'ami.* Lorsque la faculté d'élire un command a été réservée dans l'acte d'adjudication ou le contrat de vente, et que la déclaration est faite par acte public, et notifiée dans les 24 heures de l'adjudication ou du contrat. Droit fixe de 3 fr. Art. 44 de la loi du 28 avril.

2. Celles sur adjudication ou contrat de vente de biens meubles, lorsque l'élection est faite après les 24 heures, ou sans que la faculté d'élire un command ait été réservée dans l'acte d'adjudication ou le contrat de vente, sont assujetties au droit de 2 fr. par 100 fr. Art. 69, §. 5 de la loi de frimaire.

3. Celles par suite d'adjudication ou contrat de vente de biens immeubles, si la déclaration est faite après les 24 heures de l'adjudication ou du contrat, ou lorsque la faculté d'élire un command n'a pas été réservée, doivent 5 ½ pour cent fr. Art. 69, §. 7 de la loi de frimaire, et art. 54 de la loi du 28 avril.

4. D'après l'art. 709 du code de procédure, les dé-

clarations de command faites par les avoués adjudicataires par suite de saisie immobiliaire , peuvent être
faites dans les trois jours de l'adjudication , quoique la
faculté n'en ait point été réservée.

5. Le délai pour les déclarations de command sur
adjudication de domaines de l'État est de trois jours.
Art. 11 de la loi du 26 vendémiaire an 7. Déc. du
Min. des finances des 5 janvier et 26 avril 1808.

6. La notification de la déclaration de command
doit être faite au receveur de l'enregistrement , soit
par acté, soit en présentant le contrat et la déclaration
à la formalité dans les 24 heures. Arrêt de la cour de
cassation des 2 frimaire et 4 thermidor an 9.

7. La déclaration de command peut être reçue et
enregistrée avant que l'adjudication ou contrat ait été
enregistré. Arrêts de la cour de cassation des 26 messidor an 13 , 13 brumaire an 14 , et 23 janvier 1809.

Déclaration *de succession.* V. *Successions.*

Déclaration *des absens.* V. *Absence.*

Déclinatoire.

Les jugemens qui admettent ou rejettent le déclinatoire étant définitifs , sont assujettis aux droits de 2 fr.,
5 fr. ou 10 fr. suivant qu'ils sont rendus par les juges
de paix , les tribunaux civils ou les cours d'appel. Art.
43, 45 et 46 de la loi du 28 avril.

Dédit.

1. Si le dédit est stipulé dans un acte séparé de la
convention primitive , il est dû pour promesse d'in-
demniser un droit de 50 c. par 100 fr. Art. 69 , §. 2
de la loi de frimaire.

2. Si la cause du dédit est insérée dans le contrat ,
elle en forme une partie intégrante ; elle ne doit donc
pas un droit particulier et indépendant de celui perçu
sur l'obligation principale.

Défaut. V. *Présentation.*

Défenses (tous actes produits pour) sont soumis au timbre et a l'enregistrement.

Défenseur *officieux.*

1. Les actes des défenseurs officieux et les copies ou expéditions qui en sont faites ou signifiées , sont assujetties au timbre. Art. 12 de la loi du 13 brumaire an 7.

2. Leurs nominations pour défendre devant les tribunaux de commerce doivent un droit fixe de 2 fr. , outre l'exploit. Art. 43 , §. 7 de la loi de 1816.

Déguerpissement volontaire ou forcé d'un immeuble grevé de rente foncière, pour en être affranchi.

1. Lorsque le déguerpissement est accepté , il est dû un droit de 5 fr. 50 c. par 100 fr. comme rétrocession. Art. 52 de la loi du 28 avril.

2. Les jugemens portant déguerpissement pour cause de nullité radicale, sont assujettis au droit fixe de 5 fr. s'ils sont prononcés par un tribunal de première instance , de commerce ou d'arbitre ; et au droit de 10 fr. prononcés par arrêt de cour Royale. Art. 45 et 46 de la loi de 1816.

Délai.

1. Le délai est de quatre jours pour l'enregistrement des actes des huissiers et autres ayant pouvoir de faire des exploits et procès-verbaux.

2. De dix jours pour les actes des notaires qui résident dans la commune où le bureau d'enregistrement est établi , et de quinze jours pour ceux des notaires qui n'y résident pas. A l'exception des testamens . pour lesquels les parties intéressées ont un délai de 3 mois à partir du décès des testateurs , pour faire soumettre ces actes à la formalité.

3. De vingt jours pour les actes judiciaires et pour ceux des Préfets , Sous-préfets et Maires. Art. 20 de la loi de frimaire.

4. De trois mois pour les actes sous seing privé

portant transmission de propriété ou d'usufruit de biens immeubles, et les baux à ferme ou à loyer, sous-baux, cessions et subrogations de baux, et les enga-gemens aussi sous seing privé de biens de même na-ture. Art. 22 de la loi de frimaire.

5. De six mois, à compter du jour du décès, pour l'enregistrement des déclarations que les héritiers, do-nataires ou légataires ont à passer des biens à eux échus ou transmis par décès, lorsque celui dont ils recueillent la succession est décédé en France. S'il est décédé dans toute autre partie de l'Europe, le délai est de huit mois; d'une année, s'il est mort en Amérique; et de deux années, si c'est en Afrique ou en Asie. Art. 24 de la même loi.

6. Dans les délais ci-dessus fixés le jour de la date de l'acte ou celui de l'ouverture de la succession, ne sera pas compté.

7. Si le dernier jour du délai se trouve être un di-manche ou un jour de fête conservée, ces jours-là ne seront point comptés non plus. Art. 25 de la même loi. V. *Déclaration de Command, Inventaire, No-taire, Vacation.*

DÉLAISSEMENT *par hypothèque.* V. Art. 2172 et suiv. du C. C.

Cet acte n'est pas nominativement tarifé par la loi: son effet étant le même que celui opéré par l'abandon-nement de biens pour être vendus en direction, il y a lieu de lui appliquer les dispositions du n.° 1, §. 4 de l'art. 68 de la loi du 22 frimaire.

DÉLÉGATION de créances à terme; de prix stipulées dans un contrat, pour acquitter des créances à terme envers un tiers sans énonciation de titre enregistré, sauf, pour ce cas, la restitution dans le délai prescrit, s'il est justifié d'un titre précédemment enregistré. 1 fr. par 100 fr. Art. 69, §. 3 de la loi de frimaire.

Délégation de rentes. 2 fr. par 100 fr. Art. 69, §. 5 de la même loi.

Délibération. V. *Actes administratifs*, *Avis de parens*.

Délivrances *de legs* lorsqu'elles sont pures et simples sont assujetties au droit fixe de 1 fr. Art. 68 , §. 1 de la loi de frimaire.

S'il s'agit d'une somme léguée, si elle n'est dans un sac cacheté et provenant de la succession, il est dû un droit de 50 cent. par 100 fr. Art. 69 , §. 2 de la loi de frimaire.

Délivrances *de bois de l'Etat* faites à un entrepreneur de travaux publics ou de la marine , sont assujetties au droit de 2 fr. par 100 fr. Arrêt de la Cour de cassation du 2 novembre 1807 , et décis. du Min. des fin. du 4 thermidor an 13.

Démission *de biens.* Abandon par des pères et mères à leurs enfans, à titre gratuit ou à titre onéreux. V. *Donation entre-vifs*.

Dénonciation de protêt, par acte notarié, 1 fr. Art. 68 de la loi de frimaire; par exploit, 2 fr. Art. 43. de la loi de 1816.

Denrées. Lorsque le prix d'un acte est stipulé en denrées. V. *Estimation*.

Dépens (les frais et) doivent s'ajouter au montant des condamnations. V. *Jugemens*.

Dépôts des sommes et effets mobiliers chez des officiers publics , lorsqu'ils n'opèrent pas la libération des déposans , doivent le droit fixe de 2 fr. Art. 43 , §. 7 de la loi de 1816.

2. Les reconnaissances de dépôts de sommes chez des particuliers opèrent le droit de 1 pour cent. Art. 69 , §. 3 de la loi de frimaire. Elles sont assujetties au droit de timbre proportionnel ; avis du Conseil d'État approuvé le premier avril 1808.

3. Dépôts d'actes et pièces chez des officiers publics, opèrent le droit fixe de 2 fr. Art. 43 , §. 7 de la loi de 1816.

4. Ceux faits aux greffes des tribunaux de première instance et de commerce, doivent le droit fixe de 3 fr. Art. 44. de la même loi.

5. Les dépôts de testamens olographes chez les notaires doivent être enregistrés dans les 10 ou 15 jours, même du vivant des testateurs , en ce que cet acte ne dévoile pas le secret des testamens.

DÉSAVEU. Acte par lequel une partie désavoue ce qu'un avoué a fait en son nom. Il est passible du droit de 3 fr. lorsqu'il est fait aux greffes des tribunaux de première instance , de commerce et d'arbitrage. Art. 44 de la loi de 1816 ; et de celui de 5 fr. lorsqu'il est fait aux greffes des cours Royales. Art. 45 de la même loi.

La constitution d'avoué contenue dans l'acte du désaveu ne donne pas lieu à un droit particulier.

DESCENTE *de lieux* ; les jugemens qui l'ordonnent doivent les droits fixes de 1 fr. , 3 fr. ou 5 fr. , suivant qu'ils sont rendus par un juge de paix , un tribunal de première instance , ou une cour d'appel.

DÉSISTEMENT *pur et simple*. Abandon gratuit d'une demande , d'un appel , ou d'une prétention litigieuse quelconque. Il opère le droit fixe de 2 fr. Art. 43 , §. 7 de la loi de 1816.

DETTE *publique*. V. *Inscription*.

DEVIS. Etat détaillé et estimatif de ouvrages à faire à un bâtiment , ou de toute autre entreprise.

2. Ceux qui ne contiennent ni obligation de sommes et valeurs , ni quittances , sont passibles du droit fixe de 1 fr. Art. 68 , §. 1 de la loi de frimaire.

3 Quant aux devis qui renferment des engagemens de la part de l'entrepreneur. V. *Marché*.

DIPLOME. Titre d'agrégation dans une société. Ceux donnés par le grand-maître aux gradués sont exempts du timbre. Art. 26 d'un décret du 4 juin 1809.

DIRECTION *de créanciers*, réunion de créanciers, et formation d'un syndicat. Cet acte opère le droit fixe de 3 fr. Art. 68, §. 3 de la loi de frimaire.

DISPENSE *d'âge*, doit être enregistrée au greffe ; l'acte qui en est dressé est soumis au droit fixe de 3 fr.

Les lettres-patentes délivrées aux indigens, doivent être enregistrées *gratis*. Art. 77 de la loi du 15 mai 1818.

DISSOLUTION ou *résolution de traité, société*, ou *communauté*.

1. Lorsqu'elles ne portent ni obligation, ni libération, ni transmission de biens meubles ou immeubles, le droit est de 5 fr. Art. 45, §. 7 de la loi de 1816.

2. Le partage contenu dans un acte de dissolution de société ne donne ouverture à aucun droit particulier, lorsque chaque associé ne reçoit dans son lot que les biens qui lui appartenaient, ou sa portion des biens communs. Décis. du Min. des fin. du 8 décembre 1807.

3. Mais le droit proportionnel doit être perçu lorsqu'un associé reçoit dans son lot des biens apportés par l'autre, ou qu'il lui est attribué des biens communs pour une valeur qui excède la part qui doit lui revenir dans la société. La perception, dans le premier cas, doit porter sur la totalité des biens transmis ; elle opère le droit de vente, si l'acquéreur paie le prix ; il est dû sur le pied fixé pour les échanges, si l'objet cédé se compense avec tout ou partie de la part du cessionnaire dans l'actif de la société. Dans le second cas le droit de vente est dû sur le montant de la soulte. *Idem*.

4. Le jugement qui prononce dissolution de communauté, est assujetti au droit de 15 fr. en première instance, et à celui de 25 fr. en Cour d'appel. Art. 68, §. 6 de la loi de frim. et 47, §. 7 de celle du 28 avril.

Distribution *par contribution.* V. *Collocation.*

Divorce. L'expédition de l'acte de divorce fait devant l'officier de l'état civil opèrerait, si elle était réclamée, le droit fixe de 15 fr. en vertu de l'art. 68, §. 6 de la loi de frimaire.

Quant aux jugemens et arrêts rendus en cette matière. V. *Actes judiciaires*, n.º 16 et suivans.

Domaines *de l'Etat* (les ventes de), doivent le droit fixe de 2 fr. Art. 14 de la loi du 26 vendemiaire an 7.

Dommages-intérêts. C'est le désintéressement ou le dédommagement accordé à ceux qui ont souffert quelque dommage ou perte.

1. La condamnation à des dommages-intérêts en matière civile, criminelle, correctionnelle et de police, opère le droit de 2 pour cent. Art. 69, §. 5 de la loi de frimaire, et art. 11 de la loi du 27 ventose an 9. V. *Indemnité.*

Donation *entre-vifs* est un acte par lequel le donateur se dépouille actuellement et irrévocablement de la chose donnée, en faveur du donataire qui l'accepte. Art. 894 du C. C.

1. Le droit d'enregistrement des donations d'objets mobiliers, se liquide sur la déclaration estimative des parties, sans distraction des charges ; quant aux immeubles, l'évaluation doit en être faite et portée, pour la propriété, à vingt fois le produit des biens ou le prix des baux courans, et pour l'usufruit, à dix fois ce produit, le tout sans distraction des charges. V. *Valeurs*, n°. 2.

La quotité est graduée ainsi qu'il suit :

Biens immeubles.

En ligne directe, 4 fr. par cent, Art. 69, paragraphe 6 de la loi de frimaire, et art. 54 de celle de 1816.

Entre époux, 4 fr. 5o c. par cent fr. art. 53 et 54 de la loi de 1816.

Entre frères , oncles et autres parens au dégré successible , c. a. d. jusqu'au 12ᵉ degré inclusivement, 6 fr. 5o c. par cent fr. Même art.

Entre toutes autres personnes , 8 fr. 5o c. par cent fr. Même art.

La transcription aux hypothèques de ces donations ne donne plus lieu à aucun droit proportionnel. Même art.

Biens meubles.

En ligne directe , 1 fr. 25 c. par cent fr. Art. 69 , paragraphe 4. de la loi de frimaire.

Entre époux , 1 fr. 5o c. par cent fr. Art. 53 de la loi de 1816.

Entre frères , oncles et autres parens au dégré successible , 2 fr. 5o c. pour cent fr. Même art.

Entre toutes autres personnes , 3 fr. 5o c. par cent fr. Même art.

V. *Contrat de mariage , Ascendans.*

2. Les partages faits dans un acte de donation entre-vifs, par les donataires seuls entre eux , sans le concours du donateur, sont passibles du droit fixe , outre celui exigible sur la donation. Décision du Min. des fin. du 14 frimaire an 12.

3. Mais lorsque le partage est une des conditions essentielles de la donation , ou que le donateur assigne lui-même la portion que chaque donataire doit posséder , il n'est dû de droit que pour la donation.

4. La renonciation à une donation déjà acceptée, est un véritable acte de libéralité soumis aux droits réglés par les donations. Arrêt de la Cour de cassation du 9 juin 1806.

DONATIONS *éventuelles.* Celles qui ne transportent pas dans le moment la propriété ou l'usufruit des biens , mais en vertu desquelles le donataire , par l'évènement de la condition, peut dans la suite les recueillir.

au

Elles opèrent le droit fixe de 5 fr. Art. 45 de la loi de 1816.

2. Le droit proportionnel ne devient exigible que quand la propriété passe au donataire par l'accomplissement de la condition ou de l'évènement. Le donataire doit fournir déclaration dans les six mois de la mutation opérée en sa faveur. V. *Succession*.

3. L'art. 1096 du C. C. déclarant révocables toutes donations faites entre époux, *pendant le mariage*, ces sortes de donations doivent toujours être considérées comme éventuelles. Elles doivent être enregistrées dans les dix ou quinze jours de leur date.

DONATIONS *aux hospices, maisons hospitalières* et *fabriques.* Elles ne sont assujetties qu'au droit fixe de 1 fr., article premier de l'arrêté du gouvernement du 15 brumaire an 12, loi du 7 pluviose suivant, art. 11 du décret du 18 février 1809, autre du 30 décembre 1809.

DOT. V. *Contrat de mariage.*

DOUANES.

1. Les procès-verbaux de vente des marchandises avariées, ceux faits pour constater ces avaries, et ceux des ventes de navires ou de parties de navires sont sujets au droit fixe de 1 fr. Art. 56 et 64 de la loi du 21 avril 1818.

2. Le délai pour l'enregistrement des actes de prestations de serment des préposés des douanes est réduit à cinq jours. Art. 65 de la même loi.

DOUBLE DROIT *d'enregistrement*, est dû sur les actes présentés à l'enregistrement après les délais fixés par la loi. V. *Délai.*

DROITS *d'enregistrement, de greffe et des hypothèques*, se liquident sans fractions, en suivant les séries de 20 fr. en 20 fr. ; et les droits proportionnels ne peuvent être moindres que les droits fixes, quant

5

à l'enregistrement. Art. 2. de la loi du 27 ventose an 9 , et art. 60 de celle de 1816.

DUPLICATA. Double d'une pièce , d'un acte, etc. Lorsqu'un acte public ou sous seing privé fait en double original est présenté à l'enregistrement, le receveur donne la quittance du droit sur l'un des doubles , et mentionne l'enregistrement, seulement par *duplicata*, sur l'autre.

E

ECHANGE , est un contrat par lequel les parties se donnent respectivement une chose pour une autre.

1. Le droit d'enregistrement des *échanges d'immeubles* se liquide sur un capital formé de vingt fois le revenu annuel sans distraction des charges. Art. 15 , n.° 4 de la loi de frimaire.

2. Le droit doit être perçu sur le pied de 2 pour cent, sur la valeur d'une des parts, lorsqu'il n'y a aucun retour. Art. 69 , §. 5 de la loi de frimaire.

3. S'il y a retour , le droit est fixé à raison de 2 pour cent sur la moindre portion , et de 4 pour cent sur le retour ou la plus value. *Idem*.

4. Il est exigé en outre 1 fr. 50 c. par cent fr. sur l'évaluation de chaque part. Art. 54 de la loi de 1816.

5. La transcription aux hypothèques ne donnera plus lieu à aucun droit proportionnel. *Idem*.

6. On peut exiger de l'une ou l'autre partie , la totalité du droit d'enregistrement, lorsque l'acte est sous seing privé. Déc. du Min. des fin. des 14 ventose an 7 , et 8 fructidor an 8.

7. La rescision pour cause de lésion n'ayant pas lieu dans le contrat d'échange (art. 1706 du C. C.) celle qui serait prononcée par jugement dans le cas y prévu, opèrerait un nouvel échange , si elle rétablissoit les parties dans leurs biens respectivement échangés , ou une vente si l'un des échangistes , en rentrant en possession de l'objet par lui cédé, conservait la propriété

des biens qui lui auraient été attribués en contre-échange.

ECHANGES *faits par l'Etat.* Ils doivent être enregis-trés *gratis.* Art. 70 , §. 2 de la loi de frimaire.

EFFETS *négociables* ou de commerce.

1. On comprend sous cette dénomination les lettres de change, billets, mandats et rescriptions stipulées à ordre ou au porteur , et généralement tous les effets qui se transportent par endossement. V. *Actions , Billets à ordre , Lettres de change.*

2. D'après les dispositions du nombre 2 de l'art. 25 de la loi du 13 brumaire an 7 , un receveur de l'enre-gistrement ne peut admettre à la formalité les protêts d'effets négociables , sans se faire représenter ces effets en *bonne forme.*

3. Les effets négociables venant de l'étranger ou des îles et colonies françaises où le timbre n'auroit pas été établi , sont, avant qu'ils puissent être négociés , acceptés ou acquittés , soumis au *visa* pour timbre. Art. 15 de la loi du 13 brumaire an 7.

4. L'amende pour contravention relative au timbre des effets de commerce est du 20ᵉ de la somme y ex-primée , sans toutefois qu'elle puisse être moindre de 30 fr. Art. 26 de la même loi.

EFFETS *publics.* Ce sont les inscriptions sur le grand livre de la dette publique , les reconnaissances ou coupons des emprunts volontaires ou forcés , et généralement tous les effets négociables délivrés par le gouvernement en justification d'un titre de pro-priété , et auxquels les lois donnent un cours public.

1. Tous ces effets sont exempts de la formalité du timbre. Art. 16 de la loi du 13 brumaire an 7.

2. Les inscriptions sur le grand livre , leurs trans-ferts ou mutations , les quittances des effets qui en sont payés , et tous effets de la dette publique , *ins-crits ou à inscrire définitivement ,* sont exempts de la

formalité de l'enregistrement. Art. 70, §. 3 de la loi de frimaire.

EMANCIPATION, opère le droit fixe de 5 fr. par chaque émancipé. Art. 68, §. 4 de la loi de frimaire.

2. La nomination de *curateur aux causes*, ne donne ouverture à aucun droit, lorsqu'elle est contenue dans l'acte d'émancipation, dont elle est une conséquence nécessaire ; mais la nomination d'un curateur spécial donne lieu au droit de 2 fr. Déc. du Min. des fin. du 20 juin 1809.

EMPHYTHÉOSE. V. *Bail à rente perpétuelle.*

ENCAN. V. *Vente de meubles.*

ENCHÈRE. Les soumissions et enchères n'opèrent aucun droit particulier, lorsqu'elles sont contenues dans l'acte d'adjudication ; mais si elles sont faites par actes civils et séparés de l'adjudication, elles sont sujettes au droit fixe de 1 fr. Art. 68, §. 1 de la loi de frimaire.

2. Les enchères et surenchères faites en justice, doivent 3 fr. fixe. Art. 44 de la loi de 1816.

3. Il n'est perçu qu'un seul droit pour le procès-verbal, en quelque nombre que soient les enchères. V. *Adjudication.*

ENDOSSEMENT, mis sur un billet ordinaire en opère la cession, il est donc sujet au droit de 1 pour cent. Art. 69 de la loi de frimaire.

2. Sont exempts de l'enregistrement les endossemens et acquits des lettres de change, billets à ordre et autres effets négociables, ceux des rescriptions, mandats et ordonnances de paiement sur les caisses publiques. Art. 70, §. 3 de la loi de frim.

ENFANS *naturels* (les reconnaissances d') par célébration de mariage. Droit fixe de 2 fr. ; par tous autres actes, 5 fr. Art. 43 et 45 de la loi de 1816.

ENGAGEMENS ou ENRÔLEMENS, tant pour le service de terre que pour le service de mer, sont déclarés exempts de la formalité de l'enregistrement et de celle du timbre. Art. 70, §. 3 de la loi de frimaire, et art. 16, N.º 1 de la loi du 13 brumaire an 7. V. *Conscrits*.

ENGAGEMENT de biens immeubles ou antichrèse, 2 fr. pour cent. Art. 69, §. 5 de la loi de frimaire.

ENQUÊTE. Procès-verbal rédigé en présence d'un juge, contenant des dépositions de témoins.

1. Les procès-verbaux d'enquête sont sujets au droit fixe de 1 fr. s'ils émanent d'un juge de paix ou des tribunaux de police correctionnelle et cours criminelles ; de 3 fr., s'ils sont faits par un tribunal de première instance, de commerce ou d'arbitrage ; de 5 fr., s'ils sont faits devant une Cour royale. Art. 68, §. 1 de la loi de frimaire, et art. 44 et 45 de la loi de 1816.

2. Un procès-verbal d'enquête contenu dans un jugement opère un droit particulier et indépendant de celui du jugement ; s'il n'est pas dressé de procès-verbal, il n'est dû aucun droit pour la disposition du jugement qui contient le résultat de l'enquête. Déc. du Min. des fin. et de la jus. du 13 juin 1809.

ENRÔLEMENT. V. *Engagement*.

ENTÉRINEMENT *de procès-verbaux et rapports*. Approbation, enregistrement de ces actes par les tribunaux ou administrations.

Les jugemens d'entérinement rendus par les juges de paix sont passibles du droit de 2 fr. ; ceux prononcés en police ordinaire, police correctionnelle et en matière criminelle, sont assujettis à 1 fr. ; il en est de même de ceux faits en matière de contributions ; ceux émanés des tribunaux civils, de commerce ou d'arbitrage, à 5 fr. ; enfin ceux qui proviennent des Cours royales, à 10 fr. Art. 68, §. 1 et 2 de la loi de frimaire ; art. 45 et 46 de la loi de 1816.

ENVOI *en possession.* Jugement qui autorise les héritiers d'un absent à se mettre en possession de son bien.

Il est passible des droits de 2 fr. , 5 fr. ou 10 fr. selon
qu'il émane d'un tribunal de justice de paix , d'un tribunal de première instance ou d'une Cour royale.
Art. 68 , §. 2 de la loi de frimaire , et art. 45 et 46 de
celle de 1816. V. *Absence.*

ESTIMATION. V. *Valeurs.*

ETABLISSEMENS *publics.* V. *Actes administratifs,*
Secrétaires.

ETAT.

1. Les états de dettes qui , aux termes de l'art. 1084
du C. C. , doivent être annexés aux donations de biens
présens et à venir, ne sont passibles que du droit
fixe de 1 fr.

2. Ceux d'effets mobiliers à annexer aux donations
entre-vifs, ne sont assujettis qu'au droit de 1 fr. Quoique signés par le notaire , ils ne doivent pas être portés
sur le répertoire. Déc. du Min. des fin. du 19 octobre
1807.

3. Il n'est dû que le même droit pour l'état détaillé
des effets mobiliers , qui doit être joint à la déclaration d'un tiers saisi.

4. L'état estimatif des meubles à joindre aux déclarations de succession doit être sur papier timbré.

5. Les états d'inscriptions et de transcriptions hypothécaires sont exempts de la formalité de l'enregistrement. Déc. du Min. des fin. du 21 mars 1809.

6. Ceux que les tuteurs sont obligés de remettre de
leur gestion , chaque année , aux subrogés tuteurs ,
sont rédigés sans frais , sur du papier non timbré.
Art. 470. du C. C.

ETAT CIVIL. V. *Actes de l'état civil.*

EXÉCUTOIRE. Ordonnance contenant la taxe ou la
liquidation de frais et déboursés.

1. L'exécutoire des dépens est sujet au droit proportionnel de 5o c. par cent fr. Art. 69 , §. 2 de la loi de frimaire.

2. Cet acte n'étant que le complément du jugement, n'est passible que du droit fixe de 1 fr. , s'il ne donne pas ouverture à un droit proportionnel supérieur. Déc. des Min. de la justice et des fin. des 16 et 28 février 1809.

3. Un exécutoire de sommes non excédant 10 fr. pour frais de justice , est exempt du timbre. Déc. des Min. des fin. et de la justice du 2 avril 1808.

EXOINE. Certificat constatant qu'une personne citée comme témoin ou appelée à remplir des fonctions dans une procédure criminelle ou de police générale , se trouve dans l'impossibilité de se rendre.

Cet acte est exempt de l'enregistrement. Déc. des Min. des fin. du 7 nivose an 8.

EXPÉDITION. Copie d'un acte délivré par une autorité ou officier ministériel ayant qualité. V. au mot Notaire , nombres 5 , 25 , 30, et au mot Greffe.

1. Les extraits, copies ou expéditions des actes qui ont été enregistrés sur les minutes ou originaux sont exempts de l'enregistrement. Art. 8 de la loi de frimaire.

2. Il ne peut être délivré par aucun officier public , extrait , copie ou expédition d'un acte soumis à l'enregistrement sur la minute , avant qu'il n'ait été enregistré , à peine de 5o fr. d'amende , outre le paiement du droit. Art. 41 de la loi de frimaire.

3. Les expéditions des actes civils , judiciaires , et de l'état civil , doivent être délivrées en papier timbré du timbre de 1 fr. 25 c. Art. 63 de la loi de 1816.

4. Les expéditions , autres que celles délivrées par les greffiers , ne peuvent contenir, compensation faite d'une feuille à l'autre , plus de 25 lignes par page de moyen papier , plus de 3o lignes par page de grand papier , et plus de 35 lignes par page de grand registre. Art. 20 de la même loi, à peine de 25 fr. d'amende et de la restitution des droits.

5. Celles délivrées par les greffiers , doivent contenir 20 lignes à la page, et 8 à 10 syllabes à la ligne ,
compensation faite des unes avec les autres , à peine
de 100 fr. d'amende et de destitution. Art. 6 et 23 de
la loi du 21 ventose an 7.

6. Il doit être payé aux notaires , pour chaque rôle
des expéditions délivrées dans *l'intérêt public* , aux
préposés de l'enregistrement, 75 c. à Paris, et 50 c.
dans les départemens , outre les frais du papier timbré. Déc. des Min. de la just. et des fin. du 9 janvier
1808. Au surplus , V. *Greffiers* , *Notaires*.

EXPERTISE. Les procès-verbaux d'expertise doivent
être écrits sur papier timbré , et être enregistrés avant
qu'on puisse en faire usage en justice. V. *Procès-
verbaux.*

2. Si le prix énoncé dans un acte translatif de propriété ou d'usufruit de biens immeubles , à titre onéreux , paroît inférieur à leur valeur vénale à l'époque
de l'aliénation, par comparaison avec les fonds voisins
de même nature , l'administration peut requérir une
expertise , pourvu qu'elle en fasse la demande dans
l'année, à compter du jour de l'enregistrement du contrat. Art. 17 de la loi du 22 frimaire an 7.

3. Il y a également lieu à requérir l'expertise des
revenus des immeubles transmis en propriété ou usufruit , à tout autre titre qu'à titre onéreux , lorsque
l'insuffisance dans l'évaluation ne peut être établie par
acte qui puisse faire connoître le véritable revenu des
biens. Art. 19 de la même loi.

4. Il y a prescription après deux années , pour constater, par voie d'expertise , une fausse évaluation dans
une déclaration. Art. 61 de la même loi.

5. Cette disposition s'applique aux transmissions par
acte à titre gratuit, et aux mutations à titre d'échange.
Arrêt de la Cour de cassation du 13 décembre 1809.

6. Dans le cas de vente , les frais de l'expertise sont
à la charge de l'acquéreur ; mais seulement lorsque
l'estimation excède d'un huitième , au moins , le prix

énoncé au contrat. Art. 18 de la loi de frimaire.

7. Dans ce cas, le double droit est dû sur le sup-plément d'estimation. Art. 5 de la loi du 27 ventose an 9.

8. Si le supplément d'estimation est moindre d'un huitième, il est toujours passible d'un supplément de droit. Art. 18 de la loi de frimaire.

9. A l'égard des insuffisances d'estimation dans les déclarations des héritiers, donataires et légataires, le double droit d'enregistrement est dû sur le montant de la plus value, quelle qu'elle soit ; et les frais d'ex-pertise sont supportés par les parties.

EXPERTS. V. *Nominations, Prestations de serment.*
Les experts ne comptent que pour une personne pour le droit des assignations qui leur sont données. V. *Exploit.*

EXPLOIT. Acte que fait un huissier ou autre officier judiciaire, pour assigner, ajourner, signifier, saisir, etc.

1. Les huissiers et autres, ayant pouvoir de faire des exploits et procès-verbaux ou rapports, sont tenus de faire enregistrer les actes de leur ministère dans le délai de 4 jours de leur date, et d'en acquitter les droits personnellement, soit au bureau de leur rési-dence, soit au bureau du lieu où ils les ont faits. Art. 20, 26 et 29 de la loi de frimaire.

2. Les assignations et tous autres exploits devant les prud'hommes sont assujettis au droit fixe de 5o c. Art. 41 de la loi de 1816.

3. Les exploits relatifs aux procédures devant les juges de paix, ceux ayant pour objet le recouvrement des contributions directes et indirectes, et de toutes autres sommes dues à l'Etat, même des contributions locales, mais seulement lorsque la somme principale excède 25 fr., doivent le droit fixe de 1 fr. Art. 68, §. 1 de la loi de frimaire.

4. Les exploits et autres actes du ministère des huis-siers dans les procédures devant les tribunaux de pre-

mière instance, opèrent le droit de 2 fr. Art. 43 de la loi de 1816.

5. Ceux relatifs aux procédures devant les Cours royales, jusques et compris la signification des arrêts définitifs, 3 fr. Art. 44 de la même loi.

6. Ceux relatifs aux procédures devant la Cour de cassation et les Conseils de Sa Majesté, jusques et compris les significations des arrêts définitifs, 5 fr. Art. 45 de la même loi.

7. Les déclarations et significations d'appel des jugemens des juges de paix aux tribunaux de première instance, 5 fr. Art. 68, §. 4 de la loi de frimaire.

8. Celles des jugemens des tribunaux civils de commerce et d'arbitrage, 10 fr. Art. 68, §. 5 de la même loi.

9. Le premier acte de recours en cassation ou devant les Conseils de Sa Majesté, soit par requête, mémoire ou déclaration en matière civile, de police simple ou correctionnelle, 25 fr. Art. 47 de la loi de 1816.

10. Les significations d'avoué à avoué, pour l'instruction des procédures devant les tribunaux de première instance, 50 c. Art. 41 de la même loi.

11. Les significations d'avoué à avoué devant les Cours Royales, 1 fr. Art. 42 de la même loi.

12. Les significations d'avocat à avocat, dans les instances à la Cour de cassation et aux Conseils de Sa Majesté, 3 fr. Art. 44 de la même loi.

13. Pour tous les exploits ci-dessus, quelle que soit la quotité des droits, il sera dû un droit pour chaque demandeur ou défendeur, en quelque nombre qu'ils soient dans le même acte, excepté les co-propriétaires et co-héritiers, les parens réunis, les co-intéressés, les débiteurs ou créanciers associés ou solidaires, les séquestres, les experts et les témoins, qui ne seront comptés que pour une seule et même personne, soit en demandant, soit en défendant, dans le même original d'acte, lorsque leurs qualités y seront exprimées. Art. 68, §. 1 de la loi de frimaire, et art. 13 de celle du 27 ventose an 9.

14. Les exploits ayant pour objet le recouvrement des contributions directes et indirectes , et de toutes autres sommes dues à l'Etat, même des contributions locales, lorsqu'il s'agira des côtes de 25 fr. et au-dessous , ou de droit et créances non excédant en total 25 fr., doivent être enregistrés *gratis*. Art. 70 , §. 2 de la loi de frimaire.

15. Il en est de même des actes des huissiers et gendarmes en matière criminelle ou concernant la police générale et de sûreté, et la vindicte publique. Même art. et §.

16. Les citations pour appeler devant les prud'hommes , ainsi que toute signification des actes ou jugemens de ces magistrats , doivent aussi être enregistrés *gratis* toutes les fois que l'objet de la contestation n'excède pas 25 fr. Déc. du Min. des fin. du 20 juin 1806.

17. Les actes de procédure à la requête des procureurs du Roi, pour réparer les omissions faites sur les registres de l'état civil , d'actes qui intéressent les indigens , doivent être visés et enregistrés *gratis*. Déc. du Min. des fin. du 3 juillet 1810.

18. Il est dû autant de droits qu'il y a de demandeurs non solidaires contre une seule personne ou contre plusieurs personnes solidaires , *et vice versa*. S'il s'agit de plusieurs demandeurs et de différens défendeurs, on doit exiger autant de droits qu'il se trouve de demandeurs , et relativement au nombre des parties contre lesquelles chacun poursuit. Ainsi s'il y a 4 demandeurs et 3 défendeurs , et que chaque demandeur ait un intérêt distinct et personnel contre chaque défendeur , il est dû 12 droits. Déc. des Min. de la just. et des fin. des 31 juillet et 16 août 1808.

19. Dans les tribunaux de paix, de commerce et de police, près desquels il n'existe aucun avoué en titre , les parties peuvent comparoître en personne ; si l'exploit de citation contient pouvoir à un individu de représenter celui à la requête duquel la citation est donnée, il est dû un droit particulier pour le pouvoir. Déc. du Min. des fin. du 28 thermidor an 9.

20. L'exploit ou procès-verbal non enregistré dans le délai, est déclaré nul, et le contrevenant est responsable de cette nullité envers la partie ; il encourt l'amende de 25 fr. et paie en outre une somme équivalente au montant du droit de l'acte non enrégistré. L'amende est égale au montant du droit, sans pouvoir être au-dessous de 50 fr. pour les procès-verbaux de vente de meubles, et autres actes du ministère des huissiers sujets au droit proportionnel. Art. 34 de la loi de frimaire.

21. L'amende pour défaut d'enregistrement, dans le délai, des significations d'avoué à avoué, est de 5 fr. Art. 15 de la loi du 27 ventose an 9.

22. Les huissiers sont tenus de mettre à la fin de l'original et de la copie de l'exploit, le *coût* d'icelui, à peine de 5 fr. d'amende, payables à l'instant de l'enregistrement. Art. 67 du code de P. C. V. *Huissiers.*

EXPULSION. V. *Actes judiciaires.* N.ᵒˢ 6, 12 et 17.

EXTRAIT *d'actes.* Expédition de partie d'un acte.

Les simples extraits ne peuvent, comme les expéditions, être délivrés sur du papier timbré d'un format inférieur à celui appelé moyen papier, et dont le prix est fixé à 1 fr. 25 c. Arrêt de la Cour de cass. du 23 mai 1808.

EXTRAIT *des rôles des contributions.*

1. Il est exempt de la formalité de l'enregistrement. Art 70, §. 3. de la loi de frimaire.

2. Les extraits des matrices des rôles des contributions directes, délivrés aux contribuables pour être produits à l'appui de leur réclamation en dégrèvement, sont exempts du timbre. Déc. du Min. des fin. du 18 germinal an 11.

EXTRAITS *des registres de l'enregistrement.*

1. Ils ne peuvent être délivrés que sur ordonnance du juge de paix, lorsqu'ils ne sont pas demandés par

quelqu'une des parties contractantes ou leurs ayans-cause.

2. Il doit être payé au receveur, 1 fr. pour recherche de chaque année indiquée, et 50 c. pour chaque extrait, outre le papier timbré. Art. 58 de la loi de frimaire.

F

FABRIQUES (les donations faites aux) ne sont assujetties qu'au droit fixe de 1 fr. Décr. du 30 décembre 1809.

FACTURE. Etat certifié et détaillé des quantités, qualités et prix des marchandises qu'un négociant envoie à son correspondant.

Si cet état est pur et simple, il opère le droit fixe de 1 fr. Art. 68, §. 1 de la loi de frimaire; s'il est sous-crit par le particulier à qui l'envoi est fait, et contient la reconnaissance de la livraison des marchandises y désignées, il est passible du droit de 2 pour cent, comme Vente.

FACULTÉ *de rachat.* V. *Retrait de réméré.*

FAILLITE. La déclaration de faillite, de quelque manière qu'elle soit faite par le failli ou par un de ses créanciers, est passible du droit fixe de 3 fr. Art. 44 de la loi de 1816.

2. Les jugemens d'ouverture de faillite opèrent le droit de 5 fr. Art. 45 de la même loi.

3. Ils doivent être enregistrés au débet lorsqu'ils sont rendus d'office.

FAUSSE DÉCLARATION. V. *Expertise.*

FAUX INCIDENT (déclaration au greffe). V. *Actes judiciaires* n.° 5, 11 et 17.

FEUILLES *d'audience.* Les greffiers ne peuvent se

dispenser d'inscrire les jugemens, avec des détails suffisans, sur des feuilles d'audience ou des registres, indifféremment. Déc. des Min. des fin. et de la justice des 9 et 22 mars 1808.

2. Tous les jugemens rendus par les prud'hommes doivent être rédigés sur une feuille ou un registre d'audience, en papier timbré. Déc. du Min. des fin. du 20 juin 1809.

FEUILLES *de route* des conducteurs et cochers de voitures publiques et messageries, sont exemptes du timbre. Déc. du Min. des fin. du 30 fructidor an 13.

FIN *de non recevoir.* V. *Acte judiciaire,* n.º 6, 12, 17 et 10.

FOLLE ENCHÈRE. V. *Adjudication à la folle enchère.*

FORMALITÉ *de l'enregistrement* ; elle est établie pour assurer l'existence et la date des actes, en les inscrivant sur le registre à ce destiné.

FOURNITURES. V. *Adjudications au rabais.*

FRACTION. La perception des droits proportionnels d'enregistrement et des hypothèques, suit les sommes et valeurs de 20 fr. en 20 fr. inclusivement, et sans fraction. Lois des 27 ventose an 9, art. 2, et 28 avril 1816, art. 60.

FRAIS, s'ajoutent aux condamnations en principal, aux prix des acquisitions, marchés, traités, ventes de bois, etc. pour la perception des droits.

G

GAGE. V. *Nantissement.*

GAINS *de survie,* sont en général les avantages que le contrat de mariage accorde au survivant des époux.

Ils acquittent le droit fixe de 5 fr., sauf le droit proportionnel lors de l'événement.

GARDE *champêtre ou forestier*. V. *Prestation de serment*.

Les droits de leurs procès-verbaux et rapports, sont de 2 fr. Art. 43 de la loi de 1816.

GARDIEN. On donne ce nom à ceux que l'on commet pour garder les meubles ou autres effets qui ont été saisis par huissier, ou sur lesquels il a été mis les scellés.

1. Il est dû un droit particulier pour l'établissement de gardien, contenu dans une saisie-exécution. Déc. du Min. des fin. du 2 fructidor an 7.

2. L'établissement d'un gardien aux scellés n'est passible d'aucun droit. Déc. du Min. des fin. du 25 avril 1809.

GARNISAIRE (établissement de), par exploit de porteur de contrainte pour recouvrement des contributions au-dessous de 25 fr. *exempt*; au-dessus de 25 fr., 1 fr. fixe. Art. 68 et 70 de la loi de frimaire.

GENDARMES (les actes et procès-verbaux des), concernant la police générale, de sûreté et de la vindicte publique, doivent être enregistrés *gratis*. Art. 70 de la loi de frimaire.

GRAND LIVRE de la dette publique. V. *Inscription*.

GREFFE (droits de). La loi du 21 ventose an 7, a établi des droits de greffe pour le compte du trésor public, dans les cours et tribunaux civils et de commerce.

2. Les actes de la justice de paix faits en vertu de commissions de tribunaux, ne sont pas passibles des droits de greffe, sauf à les percevoir sur les expéditions de ces actes qui seraient délivrées par le greffier du tribunal qui a délégué lesdits pouvoirs. Déc. du Min. des fin. du 21 mars 1809.

3. Il y a trois sortes de droits de greffe : le droit de mise au rôle , le droit de rédaction et de transcription , et le droit d'expédition.

§. 1. *Droit de mise au rôle.*

4. Rétribution due pour la formation et tenue des rôles , et l'inscription de chaque cause sur le rôle auquel elle appartient. Art. 3 de la loi du 21 ventose an 7.

5. Le droit est de 5 fr. pour les causes sur appel des tribunaux de première instance et de commerce , portées dans les cours d'appel ; de 3 fr. pour les causes de première instance , ou sur l'appel des juges de paix ; de 1 fr. 50 c. pour les causes sommaires et provisoires , et pour celles portées dans les tribunaux de commerce. *Idem.*

6. Le droit de mise au rôle ne peut être exigé qu'une seule fois ; en cas de radiation , la cause est replacée gratuitement à la fin du rôle , et il doit être fait mention du premier placement. *Idem.*

7. Les causes en matière de commerce portées devant les tribunaux de première instance , dans les lieux où il n'y a pas de tribunal de commerce , doivent être assimilées à celles qui sont portées directement à ces derniers.

8. Les causes qui auraient déjà acquitté le droit de mise au rôle dans un tribunal supprimé depuis , n'en devraient pas un nouveau dans celui où elles seraient portées. Déc. du Min. des fin. du 28 vendémiaire an 9.

9. Les demandes en intervention ou en mise en cause pour garantie , n'étant que des accessoires d'une cause principale mise au rôle , n'y sont pas sujettes. Déc. du Min. du 2 fructidor an 7.

10. L'instance sur une opposition ne donne pas lieu à un droit de mise au rôle indépendant de celui déjà perçu pour la cause principale portée sur le rôle.

11. Les référés qui sont l'objet du titre 16 du liv. 5 du C. de P. C. ne sont pas assujettis au droit de mise

au rôle. Article 5 du décret du 12 juillet 1808.

12. Le droit de mise au rôle n'est pas dû pour les jugemens que les tribunaux sont dans l'usage de rendre sur pétition judiciaire, sans qu'il ait été formé de demande par exploit, soit pour faire autoriser une femme en puissance de mari, à la poursuite de ses droits, soit à fin de vente de meubles et effets saisis, soit pour toute autre cause non susceptible d'être mise au rôle, et sur laquelle le juge statue de suite. Mais s'il s'engage une instance sur l'obtention ou l'exécution de ces jugemens, dès lors il y aura une cause judiciaire qui devra être inscrite au rôle avant d'être appelée : par suite, le droit de mise au rôle sera exigible.

13. Le droit de mise au rôle se perçoit par le greffier en y inscrivant la cause ; le premier de chaque mois, il en verse le montant à la caisse du receveur de l'enregistrement chargé de la perception des droits de greffe, sur la représentation des rôles cotés et paraphés par le président, sur lesquels les causes sont appelées. Art. 4 de la loi du 21 ventose an 7.

14. Le greffier, étant chargé de recevoir les droits de mise au rôle, doit veiller à ce que les causes ne soient appelées ni jugées sans qu'ils aient été payés ; il encourt une amende de 100 fr., s'il délivre une expédition de jugement avant le paiement des droits de greffe. Art. 11. de la même loi.

§. 2. *Droit de rédaction et de transcription.*

15. Ce droit qui représente les émolumens du greffier, pour les actes passés au greffe, ou rédigés par ce fonctionnaire, se perçoit au profit du trésor public, qui acquitte le traitement du greffier, et lui accorde des remises sur les produits. D'abord établi par les lois des 21 ventose et 22 prairial an 7, il a été définitivement réglé par le décret du 12 juillet 1808.

16. La loi du 21 ventose an 7 n'a point fixé de délai pour la présentation au bureau, des actes sujets aux droits de greffe ; mais l'art. 11 défend aux greffiers de

délivrer aucune expédition que ces droits n'aient été acquittés, sous peine de 100 fr. d'amende et de restitution des droits. Il faut observer, à l'égard du droit de rédaction, que les greffiers sont censés l'avoir reçu au moment où ils transcrivent l'acte, et qu'ainsi ils ne pourraient être dispensés de l'acquitter, sous prétexte qu'ils n'ont pas délivré d'expédition.

17. *Nomenclature des actes soumis au droit de rédaction et de transcription :*

Droit de rédaction à 1 fr. 25 cent.

Acceptation de curatelle ;
——— de succession sous bénéfice d'inventaire ;
Actes de voyage ;
Actes faits ou rédigés par le greffier ;
Affiches de demande en réhabilitation ;
Affirmation au greffe de jets à la mer ;
Appel en matière de récusation ;
Certificats de toute nature dont il reste minute ;
Consignations de sommes au greffe ;
Décharges données au greffier par les parties ;
Déclarations — affirmatives, excepté celles à la requête
        du ministère public ;
——— de cessation de fonctions par officier public ;
——— de commaud ;
——— de délaissement d'immeubles par hypothèque ;
——— d'ouverture de faillite ;
——— par un juge récusé ;
——— de nomination d'experts ;
——— par les tiers saisis.
Dépôt de bilan et pièces ;
——— de registres, répertoires et autres pièces ;
——— de signature et paraphe des notaires ;
——— de cahiers des charges pour adjudications ;
——— de contrat de vente ;
——— de mémoires, factures et états de vente de
        navires ou prêts de sommes à la grosse ;
——— de jugemens d'arbitres ;

—— de rapports d'experts ;

—— de pièces ;

—— de pièces arguées de faux ;

—— de pièces justificatives d'un tiers saisi ;

—— de procès-verbal en matière de partage ;

—— d'un procès-verbal de visite d'un navire ;

—— de titres en demande de distraction de biens saisis ;

—— de titres constatant la solvabilité de caution ;

—— de titres de créance en matière de faillite.

Désaveu fait au greffe ;

Enquête (les procès-verbaux d') ;

Plus 5o cent. par chaque déposition de témoins ;

Enregistrement de société ;

Inscription en matière de faux incident civil ;

Insertion —— au tableau placé dans l'auditoire ;

—— de cahier des charges ;

—— de saisie immobiliaire ;

—— de contrat de mariage entre commerçans ;

—— de demande en séparation de biens entre époux ;

—— de séparation de corps ou de divorce ;

—— d'interdiction ;

—— des noms et prénoms d'un débiteur ;

—— d'établissement ou dissolution de société ;

—— de changement ou retraite d'associés ;

—— d'innovation dans la raison sociale ;

Interrogatoire sur faits et articles ;

—— des gens d'équipage d'un navire ;

Opposition à jugement par défaut ;

—— à une demande en réhabilitation ;

Procès-verbaux de description de testament ;

—— d'état de pièces arguées de faux ;

—— de nomination d'experts ;

—— de présentation , débats et affirmation de comptes ;

—— de paraphe de pièces déposées au greffe ;

—— tendant à divorce ;

—— de liquidation ;

6.

—— de partage ;

—— de tirage de lots ;

—— de vérification d'écritures et autres ;

Publication de contrat de mariage ;

—— de divorce ;

—— de jugemens de séparation , actes et dissolution de société ;

Rapports faits et rédigés par le greffier ;

Récusation de juge ;

Renonciation à une communauté , legs ou donation ;

Renvoi de demande ;

Répertoire (dépôt de) ;

Soumission de caution ;

Vérifications de créances.

Exceptions :

Actes passés devant les juges et greffiers de paix et
les notaires ;

—— de productions de pièces ;

Certificats délivrés en brevet ;

Communication de pièces par la voie du greffe ;

Dépôt de publication prescrit par les codes ;

—— des registres de l'état civil ;

—— de timbre et registres des administrations ;

Jugement contenant le nom des témoins ;

Prestation de serment des experts ;

—— des fonctionnaires ;

Vérification de créances , sans actes de dépôts.

Droit de rédaction à 1 fr. 50 cent.

Dépôt de titre de créance pour la distribution par
ordre ;

Surenchère faite au greffe ;

Radiation de saisies immobiliaires.

Droit de rédaction à 3 fr.

Dépôt de l'état des inscriptions délivré par le conservateur ;

Transcription au greffe de la saisie immobiliaire.

Droit proportionnel de rédaction.

Adjudications faites en justice , 5o cent. par 100 sur
   les premiers 5,000 francs , et 25 cent, par 100 sur
   l'excédant ;
Bordereau de collocation et mandement sur contribution , 25 cent. par 100 fr.
La perception ne peut pas être au-dessous de 1 fr.
   25 cent.
Sont exemptes les adjudications faites à l'État , ou
   à l'administration des domaines , par suite d'ex-
   propriation.

§. 3. Droit d'expédition.

18. Le droit d'expédition des jugemens et de tous
actes faits ou déposés au greffe , établi par la loi du
21 ventose an 7 , a été maintenu par l'art. 5 du décret
du 12 juillet 1808.

19. Chaque expédition doit contenir vingt lignes
à la page, et huit à dix syllabes à la ligne , compensation faite des unes avec les autres , à peine de 100
fr. d'amende et de destitution. Art. 6 et 23 de la loi
du 21 ventose an 7. Arrêt de la Cour de Cassation
du 16 mai 1806.

La quotité du droit d'expédition est fixée à 2 fr. ,
à 1 fr. 25 cent. , et à 1 fr. le rôle.

20. Sont passibles du droit de 2 fr. le rôle , les
expéditions des arrêts sur appel des tribunaux de
première instance et de commerce , soit contradictoire , soit par défaut. Art. 7 de la loi du 21 ventose
an 7.

21. Sont sujettes au droit de 1 fr. 25 cent. par rôle ,
les expéditions de jugemens définitifs rendus par les
tribunaux civils, soit par défaut , soit contradictoires ,
en dernier ressort ou sujets à l'appel ; celles des décisions arbitrales , celles des jugemens rendus sur appel
des juges de paix, celles des ventes et baux judiciaires.

22. Les expéditions des jugemens interlocutoires, préparatoires et d'instruction ; les enquêtes, interrogatoires, rapports d'experts, délibérations, avis de parens, dépôts de bilan, pièces et registres, déclarations affirmatives, renonciation à communauté ou succession, et généralement de tous actes faits ou déposés au greffe, non spécifiés aux deux articles précédens, ensemble de tous les jugemens des tribunaux de commerce, sont soumises au droit de 1 fr. le rôle. Art. 9 de la loi du 21 ventose an 7.

23. Par une solution approuvée du Ministre des finances, il a été décidé qu'aucune expédition ne doit payer moins du droit taxé pour le rôle, quoiqu'elle ne contienne pas un rôle d'écriture, et que, si elle en comprend plusieurs, le droit pour un rôle écrit en partie, est dû comme pour un rôle entier.

24. Les prescriptions établies par l'art. 61 de la loi du 22 frimaire an 7, sont applicables aux droits de greffe comme à ceux d'enregistrement. Art. 6 du décret du 12 juillet 1808.

25. A l'égard des obligations des greffiers relatives aux droits de greffe, et à leurs traitemens et remises. V. *Greffier*.

GREFFIER, est l'officier, titulaire d'un greffe, qui tient, rédige et expédie les jugemens et actes du greffe.

1. Le greffier qui a négligé de soumettre à l'enregistrement, dans le délai de vingt jours, les actes qu'il est tenu de faire enregistrer, doit payer personnellement, à titre d'amende et pour chaque contravention, une somme égale au montant du droit, et acquitter en même temps le droit, sauf son recours, pour ce droit seulement, contre la partie.

2. Il est fait exception à cet égard, quant aux jugemens rendus à l'audience, lorsque les parties n'auraient pas consigné aux mains du greffier, dans le délai prescrit pour l'enregistrement, le montant des droits. Dans ce cas, le recouvrement doit en être

poursuivi contre les parties, par le receveur de l'en‑
registrement, et elles supportent la peine du droit en
sus. Pour cet effet, le greffier est tenu de remettre
au receveur, dans les dix jours qui suivent l'expi‑
ration du délai, des extraits par lui certifiés des ju‑
gemens dont les droits ne lui auraient pas été remis
par les parties, à peine d'une amende de 10 francs
par chaque décade de retard, et pour chaque jugement,
et d'être, en outre, personnellement contraint au
paiement des doubles droits. Il est délivré au greffier,
par le receveur, des récépissés sur papier non timbré
de ces extraits. Ces récépissés sont inscrits sur les
répertoires. Art. 35, 37 de la loi du 22 frimaire an 7,
et 38 de la loi de 1816.

3. Les greffiers sont tenus de faire enregistrer les
actes soumis à l'enregistrement, dans le délai de vingt
jours, au bureau dans l'arrondissement duquel ils
exercent, et d'en acquitter les droits par anticipation.
Art. 20, 26 et 28 de la loi de frimaire.

4. Le greffier peut exiger d'avance la consignation
entre ses mains du montant des droits. A défaut de
cette consignation le recouvrement des droits et dou‑
bles droits doit être poursuivi contre la partie par le
receveur, sur l'extrait remis comme il est dit ci-dessus,
au nombre 2. Ordon. du 22 mai 1816, art. 2.

5. La contravention aux obligations énoncées aux
nombres 2 et 3 ci-devant, est punie d'une amende du
double droit. Art. 3.

6. Les greffiers des tribunaux de première instance
sont responsables des amendes, restitutions, dom‑
mages-intérêts et dépens, résultant des contraven‑
tions encourues par leurs commis-greffiers dans
l'exercice de leurs fonctions. Art. 27 du décret du 18
août 1810.

7. Pour les actes à enregistrer en *débet* ou *gratis.*
Voyez ces articles au mot *Actes judiciaires.*

8. Pour les obligations qui sont communes aux
greffiers et aux notaires. V. *Notaires*, nombres 2, 5,
6, 7, 8, 19, 25, 26, 27, 29, 30 et 32.

GROSSESSE (déclarations de). Ces actès sont sujets au timbre et soumis au droit d'enregistrement de 2 fr. Art. 43 , §. 7 de la loi de 1816.

H

HÉRITIER. V. *Succession.*

HOMOLOGATION. Les jugemens d'homologation sont passibles du droit fixe de 5 fr. , lorsqu'ils émanent d'un tribunal de première instance. Art. 45 de la loi de 1816 ; et 10 fr. , s'ils sont rendus par une Cour Royale. Art. 46 de la même loi.

HOSPICES. Les donations entre vifs et testamentaires en faveur des hospices, ne sont assujetties qu'au droit de 1 fr. fixe. Art. 1 de l'arrêté du Gouvernement du 15 brumaire an 12.

1. Il ne doit être perçu que le même droit sur les actes de donation , legs ou acquisition , légalement faits en faveur des Congrégations hospitalières. Décret du 18 février 1809.

2. Même droit sur les transferts de rentes faits aux hospices par le Gouvernement. Art. 5 de l'arrêté du Gouvernement du 27 prairial an 5.

4. Quant aux délibérations , arrêtés et actes des administrations des hospices. V. *Actes administratifs.*

HUISSIER , officier ministériel de justice , qui rédige et signifie les exploits.

1. Pour les obligations qui leur sont communes avec les notaires et greffiers. V. *Notaires* , nombres 2 , 5 , 6 , 7 , 8 , 19 , 26 , 27 , 28 et 31.

2. L'huissier ne peut instrumenter hors de son ressort, ni pour ses parens et alliés , et ceux de sa femme en ligne directe à l'infini , ni pour ses parens et alliés collatéraux jusqu'au degré de cousin issu de germain inclusivement. Le tout à peine de nullité. Art. 66 du Cod. jud.

3. Celui qui a excédé les bornes de son ministère peut être condamné aux dépens, même aux dommages-intérêts, s'il y a lieu. Art. 132.

4. S'il commet dans son exploit une nullité de son fait, il peut être condamné aux frais de l'exploit et de la procédure annullée, ainsi qu'aux dommages-intérêts de la partie. Art. 71.

5. Les copies d'actes, de jugemens, d'arrêts et de toutes autres pièces qui sont faites par les huissiers, doivent être correctes et lisibles, à peine de rejet de la taxe, et d'une amende de 25 fr. Les papiers employés à ces copies ne peuvent contenir plus de 25 lignes par page de petit papier ; de 40 lignes par page de moyen papier, et de 50 lignes par page de grand papier, aussi à peine de 25 fr. d'amende. Déc. du 29 août 1813.

6. Les huissiers doivent faire mention dans leurs actes, de leur patente et de celles des particuliers qui y sont sujets, sous peine de 500 fr. d'amende. Art. 1 de l'ord. du 23 décembre 1814.

7. Ils ne peuvent former opposition ou appel à un jugement qui n'aurait pas été préalablement enregistré. Déc. du Min. des fin. du 27 février 1815. V. *Exploit.*

HYPOTHÈQUES.

Le régime hypothécaire a pour objet de conserver les privilèges et hypothèques ; de consolider la propriété en arrêtant le cours des inscriptions, et en purgeant celles qui subsistent ; de rendre publiques les saisies immobiliaires ; de faciliter la libération des acquéreurs par suite d'ordres.

Les lois qui traitent de cette matière sont : la loi du 21 ventose an 7 ; le code civil ; le code de procédure ; le décret du 21 septembre 1810 ; les art. 52, 54, 60 et 61 de la loi du 28 avril 1816.

Le droit d'inscription des créances hypothécaires est d'un pour 1000, et la perception suit les sommes et valeurs de 20 fr. en 20 fr. sans fraction. Art. 60 de la loi de 1816.

Le droit de transcription est d'un et demi pour 100 ; il doit être perçu en même temps que le droit d'enregistrement des actes de mutation. Mais en ce cas il ne sera perçu, lors de la transcription, que le droit fixe d'un franc, outre le salaire du conservateur. Art. 52, 54 et 61 de la loi de 1816.

Les salaires des Conservateurs suivant le décret du 21 septembre 1810, sont :

1. Pour l'enregistrement et la reconnaissance des dépôts d'actes des mutations pour être transcrits, ou de bordereaux pour être inscrits. . . . . . 25 c.

2. Pour inscription de chaque droit d'hypothèque ou privilège, quel que soit le nombre des créanciers, si la formalité est requise par le même bordereau. 1 f.

3. Pour chaque inscription faite d'ofôce par le Conservateur, en vertu d'un acte translatif de propriété soumis à la transcription. . . . . . . 1 fr.

4. Pour chaque déclaration, soit de changement de domicile, soit de subrogation, soit de tous les deux, par le même acte. . . . . . 50 cent.

5. Pour chaque rédaction d'inscription. . 1 fr.

6. Pour chaque extrait d'inscription ou certificat qu'il n'en existe aucune. . . . . . . 1 fr.

7. Pour la transcription de chaque acte de mutation, par rôle d'écriture du Conservateur, de 25 lignes à la page et de 18 syllabes à la ligne. . . . 1 fr.

Moitié appartient au trésor royal. Ord. du premier mai 1816.

8. Pour chaque certificat de non-transcription d'actes de mutation. . . . . 1 fr.

9. Pour les copies collationnées des actes déposés ou transcrits dans les bureaux des hypothèques, par rôle d'écriture du Conservateur, de 25 lignes à la page et 18 syllabes à la ligne. . . . 1 fr.

10. Pour chaque duplicata de quittance. . 25 cent.

11. Pour la transcription de chaque procès-verbal de saisie immobiliaire (art. 677 du Cod. de proc.), par rôle d'écriture du Conservateur. . . 1 fr.

12. Pour l'enregistrement de la dénonciation de la saisie immobiliaire au saisi , et la mention qui en est faite en marge des registres , (art. 681 du Code de procéd.)   .   .   .   .   1 fr.

13. Pour l'enregistrement de chaque exploit de notification de placards aux créanciers inscrits , tenant lieu de l'inscription des exploits de notification des procès-verbaux d'affiche, (art. 696 du Cod. de proc.) 1 fr.

14. Pour l'acte du Conservateur , constatant son refus de transcription , en cas de précédente saisie , (art. 679 du Code de proc.)   .   .   .   .   1 fr.

15. Pour la radiation de la saisie immobiliaire , (art. 696 du Code de proc.)   .   .   .   .   .   1 fr.

I

IMMEUBLES. V. *Vente.*

IMPRIMEURS. V. *Affiches* , n.° 7.

INCOMPÉTENCE. Les jugemens qui prononcent l'incompétence sont considérés comme définitifs. V. *Actes judiciaires* , nomb. 6 , 12 , 17 et 10.

INDEMNITÉ. Stipulation par laquelle on s'oblige de garantir et dédommager quelqu'un d'une obligation qu'il contracte , ou d'un cautionnement qu'il fournit pour celui qui fait la promesse d'indemnité.

1. L'enregistrement des indemnités est fixé à 50 cent. par 100 fr. Art. 69 , §. 2 de la loi du 22 frimaire an 7.

2. Les jugemens de condamnation *à titre d'indemnité* , ne sont sujets qu'au droit de 50 cent. par 100. Ceux qui portent condamnation pour dommages-intérêts , sont passibles du droit de 2 fr. pour 100. Il est donc important de ne pas confondre l'indemnité avec les dommages-intérêts , afin d'asseoir régulièrement la perception , quelle que soit la qualification que l'on ait donné à l'objet de la condamnation. V. *Dommages-intérêts.*

3. Les promesses d'indemnités indéterminées, et non susceptibles d'estimation, sont passibles du droit fixe de 2 fr. Art. 43 de la loi de 1816.

INDICATION de paiement. V. *Délégation.*

L'indication de paiement faite dans un contrat de vente, par le vendeur, en faveur de son créancier, non présent, n'opère aucun droit, attendu qu'elle n'est qu'un simple mode de paiement.

INGRATITUDE (le jugement qui prononce la révocation pour cause d'), est soumis au droit fixe de 5 fr. Art. 45, §. 7 de la loi de 1816.

INHUMATIONS (les soumissions pour le service des) sont sujettes au droit fixe de 1 fr. Déc. du Min. du 8 messidor an 9.

INSCRIPTION *hypothécaire.* V. *Hypothèques.*

INSCRIPTION *de faux.* Déclaration faite au greffe, portant qu'une pièce ou un titre est faux, contrefait ou altéré.

2. Elle est passible du droit de 1 fr. si elle est faite aux greffes des tribunaux de police ou des cours criminelles ; de 3 fr., si elle est faite aux greffes des tribunaux de première instance et de commerce ; et de 5 fr., si elle est faite aux greffes des Cours royales. Art. 44 et 45 de la loi de 1816.

3. Les jugemens qui admettent l'inscription de faux sont préparatoires, et comme tels passibles des droits réglés d'après les distinctions ci-dessus.

INSCRIPTION *sur le grand livre de la dette publique.* Les quittances des intérêts qui en sont payés, et tous effets de la dette publique, inscrits ou à inscrire définitivement, sont exempts du timbre et de l'enregistrement. Art. 16, n.° 1 de la loi du 13 brumaire an 7, art. 70, §. 3 de celle de frimaire.

INSTRUCTION (Jugement préparatoire ou d'). V.
Actes judiciaires, nombre 5 et 11.

INTERCALATION sur un répertoire est soumise aux
mêmes peines que les omissions. Arrêt de la Cour
de cassation du 19 décembre 1808.

INTERDICTION. Les jugemens portant interdiction
sans condamnation de sommes et valeurs, sont sujets
au droit de 15 fr., s'ils émanent d'un tribunal de
première instance. Art. 68, §. 6 de la loi de frimaire.
  2. Ils sont passibles du droit de 25 fr., s'ils sont prononcés par une Cour royale. Art. 47 de la loi de 1816.
  3. Les certificats des greffiers et des notaires constatant l'affiche de ces jugemens, conformément à l'art.
501 du C. C. peuvent être écrits sur les expéditions
des jugemens, et ne sont pas sujets à la formalité
de l'enregistrement. Décis. du Min. des financ. du 23
juin 1807.

INTERLIGNES. V. *Intercalation.*

INTERLOCUTOIRE. Les jugemens interlocutoires des
juges de paix sont passibles du droit fixe de 1 fr. Art.
6, §. 1 de la loi de frimaire.
  Ceux des tribunaux de première instance opèrent
le droit de 3 fr. Art. 44 de la loi de 1816.
  Ceux des Cours royales sont sujets à 5 fr. Art. 45
de la même loi.

INTERROGATOIRE *en matière civile.* Ces actes opèrent
le droit de 1 fr., devant les juges de paix ; art. 68,
§. 1, n.° 46 de la loi de frimaire ; de 3 fr., devant les
tribunaux de première instance, art. 44 de la loi de
1816 ; de 5 fr., devant les Cours royales, art. 45 de
la même loi.
  2. *En matière criminelle ou de police.*
  Ils opèrent le droit de 1 fr., lorsqu'il y a partie
civile. Art. 68, §. 1 de la loi de frimaire.
  3. Ils sont exempts de la formalité, lorsqu'il n'y a pas
partie civile. Art. 70, §. 3 de la loi de frimaire.

INTERVENTIONS *à protêt.* V. *Exploit.*

INVENTAIRE. Il est dû pour les inventaires de meubles, objets mobiliers, titres et papiers, par quelque officier ou autorité qu'ils aient été rédigés, le droit de 2 fr. par chaque vacation. Art. 68 , §. 2 de la loi de frimaire. V. *Vacations.*

2. Les notaires qui résident dans les villes où siége une Cour d'appel , pouvant instrumenter dans toute l'étendue du ressort de cette Cour , sont autorisés à faire enregistrer les inventaires à leur rapport , *au bureau du lieu où ils ont instrumenté* , dans les dix ou quinze jours de chaque vacation , suivant que la commune dans laquelle l'opération a été faite , se trouve ou non un chef-lieu de bureau , à la charge néanmoins , par lesdits notaires , de soumettre la dernière séance , contenant la clôture de leurs inventaires , à la formalité de l'enregistrement , au *bureau de leur résidence* , dans les *quinze jours* de sa date. Déc. du Min. des fin. du 12 thermidor an 12. On doit observer que cette faculté n'est accordée que pour les inventaires , et seulement aux notaires des villes où il y a une Cour d'appel.

3. La nomination d'experts ou de commissaires priseurs , faite dans les inventaires ; et la prisée à laquelle ils procèdent , dérivant l'une et l'autre de l'inventaire , ne donnent point ouverture à un droit particulier.

4. Les actes sous seing privé peuvent être énoncés dans un inventaire , sans qu'on soit tenu de les soumettre préalablement à l'enregistrement. Délibération du Directoire exécutif du 22 ventose an 7.

Cependant s'il s'agissoit d'un acte assujetti à la formalité dans un délai déterminé , les préposés doivent s'empresser de former la demande des droits avant l'expiration de deux ans , au bout desquels la prescription serait acquise. Avis du Conseil d'Etat des 18 et 22 août 1810.

J

JOURNAUX. Les journaux, gazettes, feuilles périodiques, ou papiers nouvelles, quels que soient leur objet et leur étendue, qui paroissent, soit régulièrement, soit irrégulièrement, sont assujettis au timbre de dimension. Art. 56 de la loi du 9 vendémiaire an 6 et art. 70 de la loi de 1816.

2. Le timbre des journaux est fixé à 5 centimes pour chaque feuille de 25 décimètres carrés de superficie, et à 3 cent. pour chaque demi-feuille de même espèce. Loi du 13 vendémiaire an 6.

3. Toute contravention aux dispositions ci-dessus est punie d'une amende de 100 fr. exigible contre les imprimeurs, solidairement avec les auteurs et distributeurs. Art. 60 et 61 de la loi du 9 vendémiaire an 6.

4. Les préposés du timbre, ne peuvent, à peine de 50 fr. d'amende, et de destitution en cas de récidive, appliquer le timbre sur des feuilles imprimées. Art. 6 de l'arrêté du 3 brumaire an 6.

5. La subvention du décime pour franc est maintenue sur le timbre des journaux.

6. Les ouvrages périodiques relatifs aux sciences et aux arts, ne paroissant qu'une fois par mois, ou à des intervalles plus éloignés, et contenant au moins deux feuilles d'impression, sont exempts du timbre.

7. Sont également exempts les annonces, prospectus et catalogues de librairie. Art. 76 de la loi du 25 mars 1817.

8. Indépendamment du droit de timbre, il sera perçu un centime et demi par feuille sur les journaux imprimés à Paris, et un demi-centime sur ceux imprimés dans les départemens. Art. 89 de la loi du 15 mai 1818.

JOURS *fériés*. Les bureaux des préposés de l'administration sont fermés pour tout le monde les jours de Dimanches et de Fêtes reconnues par le Gouvernement. Déc. du Min. des fin. du premier juillet 1816.

Jugemens. V. *Actes judiciaires.*

Juges. Ne peuvent faire remises des droits ni des amendes, et sont responsables des droits des actes non enregistrés sur lesquels ils auraient prononcé. Art. 59 et 47 de la loi de frimaire.

L

Légalisation. Les légalisations de signatures d'officiers publics sont exemptes de la formalité de l'enregistrement. Art. 70 , §. 3 de la loi de frimaire.

Legs. Pour la quotité des droits. V. *Succession.*

1. Les legs en faveur des pauvres , des hospices et des congrégations hospitalières , ne sont sujets qu'au droit fixe de 1 fr. Loi du 7 pluviose an 12.

2. Il n'est dû que le même droit pour les dons et legs faits aux fabriques. Décret du 30 décembre 1809 , art. 81.

3. Le légataire particulier est personnellement tenu de passer déclaration de l'objet qui lui a été légué , *lorsqu'il se trouve dans la succession.* Déc. du Min. des fin. du 17 février 1807.

4. Lorsque les héritiers ont acquitté le droit sur l'universalité des biens de la succession , on ne peut en exiger un nouveau pour les legs particuliers de sommes d'argent, *existantes ou non* dans la succession. Avis du Conseil d'État du 2 septembre 1808.

5. Cet avis s'applique aux legs *de rentes et pensions viagères en argent.* Arrêt de la Cour de cassation du 23 novembre 1811 ; mais on ne peut l'étendre aux legs de rentes viagères *en nature.*

Lésion. Le jugement du tribunal de première instance qui la prononce est soumis au droit fixe de 5 fr. par l'art. 45 de la loi de 1816 , sauf le droit proportionnel s'il est plus avantageux , et sans préjudice au droit de quittance sur l'acte de remboursement, et au droit de vente, si l'acquéreur paye le supplément.

Lettres *de change*, tirées de place en place, et celles venant de l'étranger ou des colonies françaises, sont passibles du droit de 25 cent. pour 100 fr. Art. 50 de la loi de 1816.

2. Lorsqu'elles sont protestées *faute de paiement*, elles peuvent n'être présentées à l'enregistrement qu'avec l'assignation.

3. Dans le cas de protêt *faute d'acceptation*, elles ne doivent être enregistrées qu'avant la demande en remboursement ou en cautionnement. Même art.

4. Toute lettre de change est sujette au droit de timbre proportionnel. Art. 64 de la loi de 1816.

Lettres *missives*. Celles qui ne contiennent ni obligation, ni quittance, ni aucune autre convention donnant lieu au droit proportionnel, opèrent le droit fixe de 2 fr. Art. 43 de la loi de 1816.

2. Elles doivent être visées pour timbre avant d'être produites en justice. Art. 30 de la loi du 13 brumaire an 7.

Lettres *de voitures*. Elles sont soumises au droit fixe de 1 fr. par chaque personne à qui les envois sont faits. Art. 68, §. 1 de la loi de frimaire.

2. Sont exceptées celles concernant le transport d'effets militaires pour le compte *direct* du gouvernement. Déc. du Min. des fin. du 18 fructidor an 8.

3. L'accusé de réception peut être mis au pied d'une lettre de voiture, sans donner lieu à un nouveau droit de timbre.

Levée *de scellés*. Le procès-verbal de levée de scellés est assujetti au droit fixe de 2 fr. par chaque vacation. Art. 68, §. 2 de la loi de frimaire. V. *Vacations*.

2. Indépendamment de ce droit, il est dû celui de 1 fr. pour chaque opposition à levée de scellés par comparution personnelle dans le procès-verbal. Même art. §. 1.

3. Ce procès-verbal peut être fait à la suite de celui

7

d'apposition. Art. 23 de la loi du 13 brumaire an 2.

LICITATION. Vente à l'enchère d'un objet indivis. Si elle a lieu en faveur d'un des co-propriétaires, ce dernier ne doit le droit que pour les parts qu'il acquiert, à raison de 2 pour 100, s'il s'agit d'objets mobiliers, art. 69, §. 5 de la loi de frimaire ; et 5 fr. 50 cent. par 100 fr., s'il s'agit de biens immeubles. Art. 54 de la loi de 1816.

LIQUIDATION. Les actes sous seing privé tendant uniquement à la *liquidation de la dette publique*, et en tant qu'ils servent aux opérations de la liquidation ; les actes des administrations et commissaires liquidateurs, sont exempts des droits d'enregistrement et de timbre. Art. 1 et 2 de la loi du 26 frimaire an 8.

LIVRES *de commerce*, sont assujettis au timbre à tous les feuillets ;
— Le feuillet de petit ou moyen papier, à 20 cent.
— Celui de grand papier, à 30 cent.
— Celui de toutes autres dimensions supérieures, à 50 cent.
Le décime est maintenu.
Le papier est fourni par les commerçans. Art. 72, tit. 7 de la loi de 1816.

LOCATERIE *perpétuelle*. V. *Bail à rente perpétuelle*.

LOUAGE *d'ouvrage ou d'industrie*. Ces actes sont soumis aux mêmes droits que les baux à ferme. V. *Baux*.

M

MAIN-LEVÉE *d'inscriptions ou d'oppositions*. Consentement à la radiation d'une inscription, ou désistement d'une opposition.

1. La main-levée pure et simple, donnée dans un acte civil, est passible du droit fixe de 2 fr., en vertu de l'art. 43 de la loi de 1816.

2. Celle dérivant d'un jugement donne lieu au droit de 1 fr., 2 fr., 5 fr. ou 10 fr., selon qu'elle émane d'un tribunal de police ou d'une cour criminelle, d'un tribunal de justice de paix, d'un tribunal de première instance, de commerce ou d'arbitrage, d'une cour royale ; et si elle est ordonnée par arrêté du Préfet ou du Conseil de préfecture, elle est soumise au droit de 2 fr.

MAINTIEN ou réduction d'hypothèque, prononcé par un tribunal de première instance, 5 fr. ; par une cour d'appel, 10 fr. Art. 45 et 46 de la loi de 1816.

MAIRES et *Adjoints* sont tenus de faire enregistrer les actes soumis à cette formalité et d'en tenir répertoire. Art. 6 de la loi du 27 ventose an 9. V. *Secrétaires.*

MANDAT. V. *Procuration.*

MANDAT. Ordre donné par un créancier à son débiteur de payer une somme à une personne désignée. V. *Lettres de change*, et *Obligation.*

1. Le mandat doit être fait sur papier au timbre proportionnel. Art. 6 de la loi du 6 prairial an 7.

2. Les mandats sur les caisses publiques sont, ainsi que leurs endossemens et acquits, exempts de l'enregistrement. Art. 70, §. 3 de la loi de frimaire. Ils sont assujettis au timbre de dimension. Art. 12 de celle du 13 brumaire an 7.

3. Il y a exception à cette dernière disposition pour les mandats relatifs au traitement des fonctionnaires et employés. Art. 16 de la même loi.

MANDAT *d'amener ou d'arrêt.* Exempt de l'enregistrement. Art. 70, §. 3 de la loi de frimaire.

MANDEMENT *en matière d'ordre ou de contribution.* V. *Bordereau.*

MARCHÉ. Engagement de faire une entreprise moyennant un prix déterminé,

2

Ces actes sont passibles du droit de 1 fr. pour 100. Art. 69 , §. 3 de la loi de frimaire.

2. Quant à ceux dont le prix doit être payé par le trésor public ou établissemens publics. V. *Adjudication au rabais*.

MARIAGE. V. *Actes de l'état civil, et Dispenses d'âge*.

MARINS. V. *Engagemens*.

MARINE. Les ventes d'effets provenant de prises sont soumises au droit de 2 fr. pour 100. Art. 69 , §. 5 de la loi de frimaire.

2. Les inventaires et récolemens des cargaisons naufragées. Droit fixe de 2 fr. Art. 68 , §. 2 de ladite loi.

MÉMOIRES. Ceux *signés* des hommes de loi sont assujettis au droit de timbre de dimension , *qu'ils soient ou non produits en justice*. Déc. du Min. de la just. et des fin. du 14 février 1809.

2. Les mémoires imprimés peuvent être timbrés à l'extraordinaire. Déc. du Min. des fin. du 5 pluviose an 11.

3. Les mémoires de livraison de marchandises, 2 fr. pour 100 fr. ; d'ouvrages ou sommes prêtées ou reconnues, 1 fr. pour 100 ; art. 69 et 68 de la loi de frimaire ; et s'il ne forme point aveu du débiteur , 1 fr. fixe. Art. 68 de ladite loi.

MENTION. Annotation sur une pièce ou sur un registre. V. *Notaire*.

1. Les mentions de production de pièces faites sur le registre tenu au greffe à cet effet , et les mentions de non-comparution de l'une des parties au bureau de conciliation , sont exemptes de la formalité de l'enregistrement. Déc. du Min. des fin. des 13 juin 1809 et 7 juin 1808.

MERCURIALES. Le prix des denrées doit s'établir sur les mercuriales des 14 dernières années, distraction faite des deux plus fortes et des deux plus faibles, et en formant le taux commun des 10 années restantes. Art: 75 de la loi du 15 mai 1818.

MESSAGERIES. Leurs registres doivent être tenus en papier timbré.

MEUBLES. V. *Ventes de meubles.*

MODÉRATION *de droits.* V. *Amende*, nomb. 1.

MONTS DE PIÉTÉ. Leurs actes et registres sont exempts du timbre et de l'enregistrement. Lois des 30 juin 1806 et 10 mars 1807.

MUSIQUE. Les feuilles de papier-musique ont été assujetties au timbre, comme les journaux et affiches, par l'art. 56 de la loi du 9 vend. an 6. Sont exceptés les œuvres de musique *non périodiques* qui contiennent plus de deux feuilles d'impression. Loi du 2 floréal an 6.

Les dispositions rapportées au mot *Journaux*, relativement à la quotité des droits, aux peines pour contravention, et au décime, sont applicables aux papiers-musique.

MUTATION. Les mutations entre-vifs de propriété ou d'usufruit de biens immeubles sont soumises au droit d'enregistrement réglé pour les ventes, dans les trois mois de leur date, à peine du double droit, lors même que les nouveaux possesseurs prétendroient qu'il n'existe pas de convention écrite. Art. 4 de la loi du 27 ventose an 9.

A défaut d'actes, il y sera suppléé par des déclarations détaillées et estimatives. V. *Valeurs.*

N

NAISSANCE. V. *Actes de l'état civil.*

NANTISSEMENT. Contrat par lequel un débiteur remet

7..

une chose à son créancier pour sûreté de la dette.

Le nantissement d'une chose mobilière stipulé dans une obligation ne donne pas lieu à un droit particulier. Mais s'il a lieu par acte séparé, il opère le droit de 50 cent. pour 100 fr. comme cautionnement. Voyez *Antichrèse.*

Nolissement. V. *Charte-partie.*

Nomination *d'arbitres.* V. *Compromis.*

Nomination *d'experts*, hors jugement. Passible du droit fixe de 2 fr. Art. 43 de la loi de 1816. Celles qui ont lieu en justice opèrent le droit de 1 fr., 3 fr., et 5 fr., selon qu'elles émanent d'un juge de paix, d'un tribunal de première instance, de commerce ou d'arbitrage, et d'une Cour royale. Art. 44 et 45 de la même loi.

Nominations de tuteurs et curateurs. Doivent le droit fixe de 2 fr. Art. 43 de la loi de 1816.

Nominations de commissaires, directeurs et séquestres, opèrent le droit fixe de 5 fr. si elles sont faites par un tribunal de première instance, de commerce ou d'arbitrage, de 10 fr. si elles émanent d'une Cour royale. Art. 45 et 46 de la loi de 1816.

2. Les nominations de gardes forestiers, gardes ruraux et champêtres par les administrations publiques, sont exemptes de l'enregistrement. Art. 70 de la loi de frimaire.

3. Il en est de même des nominations de syndic dans un contrat d'union.

Notaire. Fonctionnaire public établi pour recevoir tous les actes et contrats auxquels les parties doivent ou veulent faire donner le caractère d'authenticité attaché aux actes de l'autorité publique, et pour en assurer la date, en conserver le dépôt, et en délivrer des grosses et expéditions. Loi du 25 ventose an 11.

1. Les notaires sont institués à vie, et ne peuvent être destitués que pour cause de prévarication préalablement jugée. Loi du 6 octobre 1791.

2. Ils sont tenus de communiquer, à toute réquisition, leurs répertoires et leurs minutes aux préposés de l'enregistrement, à peine de 50 fr. d'amende. Sont exceptés les testamens dont les testateurs seraient vivans. Les préposés ne peuvent employer dans leurs vérifications plus de quatre heures par chaque jour non férié. Art. 52 et 54 de la loi du 22 frimaire an 7.

3. Les testamens déposés chez les notaires et ceux par eux reçus, doivent être enregistrés dans les trois mois, à compter du décès des testateurs, à la diligence des héritiers, donataires, légataires ou exécuteurs testamentaires. Art. 25 de la loi du 22 frimaire an 7.

4. Le délai est de dix jours pour l'enregistrement des autres actes, lorsque les notaires résident dans la commune où le bureau d'enregistrement est établi, et de quinze jours pour les notaires qui n'y résident point. Ils sont tenus d'acquitter eux-mêmes les droits. S'ils en ont fait l'avance pour les parties, ils peuvent prendre exécutoire du juge de paix de leur canton pour le remboursement ; l'opposition qui serait formée contre l'exécution serait jugée comme pour les instances poursuivies au nom de l'État. Art. 20, 29 et 30.

5. Le notaire doit faire mention, dans toutes les expéditions, de la quittance des droits d'enregistrement, par une transcription littérale et entière de cette quittance. Art. 44.

6. Les notaires doivent tenir des répertoires à colonnes, et y inscrire, jour par jour, sans blanc ni interligne, et par ordre de numéros, tous les actes et contrats qu'ils reçoivent, même ceux passés en brevet, à peine de 10 francs d'amende, pour chaque omission. Art. 49.

7. Chaque article du répertoire doit contenir, 1.º son numéro ; 2.º la date de l'acte ; 3.º sa nature ; 4.º les

noms., prénoms et domiciles des parties.; 5.º l'indication et situation des biens et le prix ; 6.º la relation de l'enregistrement. Art. 50.

8. Les notaires sont tenus de présenter , dans les dix premiers jours du premier mois de chaque trimestre , leurs répertoires aux receveurs de l'enregistrement de leur résidence , qui les visent , et énoncent dans leur visa le nombre des actes inscrits. Cette présentation a lieu à peine d'une amende de 10 francs par chaque dix jours de retard. Art. 51.

9. Le notaire ne peut instrumenter hors de son ressort , à peine d'être suspendu de ses fonctions pendant trois mois , et d'être destitué en cas de récidive , et de tous dommages et intérêts. Art. 6 de la loi du 25 ventose an 11.

10. Le notaire ne peut recevoir des actes dans lesquels ses parens ou alliés en ligne directe à tous les degrés , et en collatéral jusqu'au degré d'oncle et de neveu inclusivement , seraient parties , ou qui contiendraient quelque disposition en leur faveur. Art. 8.

11. Les actes doivent être reçus par deux notaires , ou par un notaire assisté de deux témoins , citoyens français , sachant signer et domiciliés dans l'arrondissement communal où l'acte est passé. Les testamens sont reçus par deux notaires et deux témoins , ou par un notaire et quatre témoins. Art. 9.

12. Deux notaires parens ou alliés au degré prohibé par l'art. 8 , ne peuvent concourir au même acte. — Les parens , alliés soit du notaire , soit des parties contractantes , au degré prohibé par l'art. 8 , leurs clercs et leurs serviteurs ne peuvent être témoins. Art. 10.

13. Tous les actes doivent énoncer les noms et le lieu de residence du notaire qui les reçoit , à peine de 100 fr. d'amende. -- Ils doivent également énoncer les noms des témoins instrumentaires , leur demeure , le lieu , l'année et le jour où les actes sont passés , sous peine de tous dommages-intérêts envers les parties , et même de faux si le cas y échet. Art. 12 , 68.

14. Les actes doivent être signés par les parties, les témoins et les notaires qui doivent en faire mention à la fin de l'acte. — Quant aux parties qui ne savent ou ne peuvent signer, le notaire doit faire mention de leur déclaration à cet égard. Art. 14.

15. Les renvois et apostilles ne peuvent, sauf l'exception ci-après, être écrits qu'en marge ; ils doivent être signés et paraphés tant par le notaire que par les autres signataires, à peine de nullité des renvois et apostilles. Si la longueur du renvoi exige qu'il soit transporté à la fin de l'acte, il doit être non-seulement signé et paraphé comme les renvois écrits en marge, mais encore expressément approuvé par les parties, à peine de nullité du renvoi. Art. 15.

16. Il ne doit y avoir ni surcharge ni interligne dans le corps de l'acte, et les mots surchargés, interlignés ou ajoutés sont nuls : les mots qui doivent être rayés le seront de manière que le nombre puisse en être constaté à la marge de leur page correspondante, ou à la fin de l'acte, et approuvés de la même manière que les renvois écrits en marge ; le tout à peine d'une amende de 50 fr. contre le notaire, ainsi que de tous dommages-intérêts, même de destitution en cas de fraude. Art. 16.

17. Dans les deux mois qui suivent la délivrance de la commission au notaire, il est tenu de prêter serment et de faire le dépôt de ses signature et paraphe, à peine de déchéance. Art. 65.

18. Les actes des notaires seront écrits en un seul et même contexte, lisiblement, sans abréviation, blanc, lacune ni intervalle ; ils doivent contenir les noms, prénoms, qualités et demeures des parties et des témoins ; on doit y énoncer en toutes lettres les sommes et les dates ; les procurations des contractans doivent être annexées à la minute où mention doit se trouver que lecture de l'acte a été faite aux parties ; le tout à peine de 100 fr. d'amende. Art. 13.

19. Le notaire qui contrevient aux lois et arrêtés du Gouvernement, concernant les noms et qualifications

supprimés , les clauses et expressions féodales , les mesures , ainsi que la numération décimale , doit être condamné à une amende de 100 fr. ; elle est double en cas de récidive. Art. 17.

20. Il ne peut , sans l'ordonnance du président du tribunal de première instance , délivrer d'expéditions ni donner connaissance des actes à d'autres qu'aux personnes intéressées en nom direct , héritiers ou ayant-droit , à peine de dommages-intérêts , d'une amende de 100 francs , et d'être , en cas de récidive , suspendu de ses fonctions pendant trois mois , sauf néanmoins l'exécution des lois et réglemens sur le droit d'enregistrement , et de celles relatives aux actes qui doivent être publiés dans les tribunaux. Art. 23.

21. Toute suspension , destitution , condamnation d'amende et dommages-intérêts seront prononcés contre les notaires par le tribunal civil de leur résidence , à la poursuite des parties intéressées , ou d'office , à la diligence du Procureur du Roi , et ces jugemens seront sujets à l'appel et exécutoires par provision , excepté quant aux condamnations pécuniaires. Art. 53.

22. Les employés de l'enregistrement ne doivent s'immiscer dans la poursuite des peines encourues par les notaires qu'autant qu'il s'agirait de contravention commise aux droits et revenus dont la régie est confiée à l'administration.

23. Cependant lorsque les contraventions à la loi sur le notariat entraînent peine d'amende , ils doivent les constater par des procès-verbaux qu'ils remettent au Procureur du Roi près le tribunal de première instance , pour qu'il requière d'office la prononciation des peines.

24. S'il s'agit de contravention aux droits et à la perception , l'effet du procès-verbal doit être suivi par l'employé.

25. Les notaires ne peuvent délivrer en brevet , copie ou expédition , aucun acte soumis à l'enregistrement sur la minute ou l'original , ni faire aucun acte en conséquence , avant qu'il ait été enregistré , quand

même le délai pour l'enregistrement ne serait pas encore expiré, à peine de 5o fr. d'amende outre le paiement du droit. Néanmoins à l'égard des actes que le
même notaire aurait reçu, et dont le délai d'enregistrement ne serait pas encore expiré, il pourra en
énoncer la date, avec la mention que ledit acte sera
présenté à l'enregistrement en même temps que celui
qui contient ladite mention ; mais, dans aucun cas,
l'enregistrement du second acte ne pourra être requis
avant celui du premier. Art. 41 de la loi de frimaire
et 56 de celle de 1816.

26. Les notaires ne peuvent faire mention dans leurs
actes d'aucun acte passé en pays étranger ou dans
les colonies, qu'il n'ait acquitté les mêmes droits que
s'il avait été souscrit en France et pour des biens
situés dans le royaume. Art. 58 de la loi de 1816.

27. Ils ne peuvent annexer à leurs minutes, ni
recevoir en dépôt un acte non enregistré, bien en-
tendu lorsque cet acte est sujet à l'enregistrement.

28. Tous les actes des notaires sont soumis à la formalité du timbre ; la minute comme l'expédition doit
être écrite sur papier débité par l'administration, sauf
lorsqu'on veut faire des expéditions sur du parchemin,
qui peut être timbré à l'extraordinaire.

29. Ils peuvent employer pour leurs minutes toute
espèce de papier de dimension, mais pour les expéditions ils ne peuvent employer que du moyen papier,
et ne peuvent mettre plus de 25 lignes par page l'une
dans l'autre. L'empreinte du timbre ne peut être cou-
verte ni altérée.

3o. Les notaires sont tenus de délivrer aux employés
de l'enregistrement, les extraits et expéditions qu'ils
demandent. Par une décision du Min. des finances du
9 janvier 1808, il leur est accordé pour indemnité par
chaque rôle d'expédition, délivrés dans l'intérêt public,
75 cent. à Paris, et 5o cent. dans les départemens ; ces
expéditions peuvent être délivrées sur papier libre en
faisant mention de leur destination. (Art. 16 de la loi
du 13 brumaire an 7.)

31. D'après l'art. 176 du Code de Commerce, les notaires sont obligés d'inscrire les protêts, en entier, jour par jour et par ordre de dates, dans un registre particulier, tenu dans les formes prescrites pour les répertoires.

32. Les notaires doivent faire mention dans leurs actes de la patente des particuliers qui y sont sujets, sous peine de l'amende de 500 fr. Art. 1 de l'ord. du 23 décembre 1814.

Notices *de décès* (les), doivent être remises tous les trimestres aux receveurs de l'enregistrement par les Maires, à peine d'une amende de 30 fr. par chaque mois de retard. Art. 55 de la loi de frimaire.

Notification. V. *Exploit*.

Notoriété. Les actes de notoriété sont soumis au droit de 2 fr. Art. 43 de la loi de 1816.

Nourriture. V. *Bail à nourriture*.

Nullité. V. *Actes refaits pour cause de nullité*, et *Jugement*.

O

Obligation. Promesse de payer une somme.

1. Les contrats, transactions, promesses de payer, arrêtés de comptes, billets, mandats, reconnaissances, celles de dépôt de sommes chez des particuliers, et tous autres actes qui contiennent obligation de sommes, sans libéralité et sans que l'obligation soit le prix d'une transmission de meubles ou immeubles non enregistrée, sont passibles du droit de 1 fr. pour 100 fr. Art. 69, §. 3 de la loi de frimaire.

2. On doit percevoir le droit de 2 pour cent sur les obligations causées pour fournitures effectuées de comestibles, et d'autres objets d'une consommation journalière, non restituables en nature. Déc. du Min. des fin. du 6 septembre 1816.

3. D'après l'art. 6 de la loi du 6 prairial an 7, les obligations non négociables, même celles souscrites par des particuliers non commerçans, et pour simple prêt, doivent être faites sur papier du timbre proportionnel. Arrêt de la Cour de cassat. du premier mai 1809.

4. Les prêteurs et emprunteurs sont *solidaires* pour le paiement des droits de timbre et des amendes. Art. 75 de la loi du 28 avril 1816.

OBLIGATION *à la grosse avanture ou pour retour de voyage.*

Cet acte est sujet au droit de 50 c. pour cent. Art. 69, §. 2 de la loi de frimaire.

OCTROIS. Les nominations des préposés sans désignation de traitement, 1 fr. fixe ;
—— Avec traitement, 1 pour cent ;
—— Leurs prestations de serment, 3 fr. ; art. 68 et 69 de la loi de frimaire ;
—— Leurs procès-verbaux, 2 fr. ; art. 42, §. 7 de la loi de 1816.

OFFRES *réelles* ne faisant pas titre aux créanciers, et non acceptées. V. *Exploits.*
—— Etant acceptées et indépendamment du droit de l'exploit, 50 c. pour cent ;
—— S'il en résulte obligation, 1 fr. pour cent ; art. 69, §. 2 et 3 de la loi de frimaire.

OPPOSITION. V. *Exploits.*
Les oppositions à la levée de scellés par comparution personnelle dans le procès-verbal, doivent le droit de 1 fr. Art. 68, §. 1 de la loi de frimaire.

ORDONNANCE. Ordre mis au bas d'une requête ou pétition par une autorité civile ou judiciaire.

1. Les ordonnances des juges de paix et celles rendues en matière de police ou criminelle, lorsqu'il y a *partie civile*, sont sujettes au droit de 1 fr. Art. 68, §. 2 et §. 1 de la loi de frimaire.

2. Les ordonnances des juges des tribunaux de première instance et de commerce, opèrent le droit de 3 fr. Art. 44 de la loi de 1816.

3. Celles des juges des Cours royales, sont passibles du droit de 5 fr. Art. 45 de la même loi.

4. Les ordonnances rendues en matière de police ou criminelle, *lorsqu'il n'y a pas de partie civile*, doivent être enregistrés en débet, sauf le recouvrement s'il y a lieu. Art. 70, §. 1 de la loi de frimaire.

5. Les ordonnances et mandemens d'assigner les opposans à scellés, rendus par les juges de paix, opèrent le droit fixe de 1 fr. Art. 68, §. 1 de la loi de frimaire.

6. Les ordonnances *de police* étant des actes d'administration publique, peuvent être imprimées sur papier non timbré. Déc. du Min. des fin. du 10 février 1807.

Ordonnances *de paiement sur les caisses publiques.* Celles de décharge ou de réduction, remises ou modérations d'impositions, sont exemptes de l'enregistrement. Art. 70, §. 3 de la loi de frimaire.

Ordre.

—— Les procès-verbaux d'ouverture d'ordre, 3 fr. fixe;

—— De distribution de deniers, 50 c. par cent fr., sans que le droit puisse être moindre de 5 fr. Art. 44 et 45 de la loi de 1816, et 69, §. 2 de celle de frimaire.

Originaux.

Tous actes judiciaires en matière civile, tous jugemens en matière criminelle, correctionnelle ou de police, sont, sans exception, soumis à l'enregistrement sur les minutes ou originaux. Art. 38 de la loi de 1816.

Ouverture de testament mystique ou olographe par les présidens des tribunaux de première instance, 3 fr. Art. 44, §. 7 de la loi de 1816.

P

PAPIER-*musique.* V. *Journaux.*

PAPIER *timbré.* V. *Timbre.*

PARAPHE. Le paraphe qui doit précéder l'usage d'un registre , sera enregistré moyennant un simple droit de 1 fr. Art. 73 de la loi de 1816.

PARTAGE *de biens meubles et immeubles,* entre co-propriétaires, à quelque titre que ce soit , pourvu qu'il en soit justifié. Droit fixe de 5 fr. Art. 45 , §. 7 de la loi de 1816.

2. S'il y a retour, le droit sur ce qui en sera l'objet, sera perçu au taux réglé pour les ventes. V. *Vente.*

3. Il n'est dû qu'un droit , quel que soit le nombre des successions partagées , pourvu que le partage en soit fait entre les mêmes héritiers , et par le même acte.

4. La stipulation insérée dans un acte de partage , qui adjuge à l'un des co-partageans l'usufruit , et à l'autre la nue propriété des biens indivis , sans soulte ni retour , ne donne lieu à aucun droit particulier. Déc. du Min. des fin. du 24 février 1817.

5. Les partages de biens entre l'Etat et des particuliers , doivent être enregistrés *gratis.* Art. 70 , §. 2 de la loi de frimaire.

6. Il a été décidé par le Min. des fin. et le grand Juge, le 25 novembre 1806 , que lorsque les lots qui sont chargés de soultes comprennent des biens de diverses espèces , le prix des soultes doit être imputé d'abord sur le montant des rentes sur l'Etat, puis sur les créances à terme, ensuite sur les capitaux de rente et sur les meubles , enfin sur les immeubles , et que le droit proportionnel doit être perçu dans ce sens.

PARTIES (les) doivent acquitter les droits d'enregistrement des actes tels qu'ils sont réglés par la loi, sans pouvoir en atténuer le paiement ni le différer, sous prétexte de contestation sur la quotité , ni pour quelqu'autre motif que ce soit , sauf à se pourvoir en restitution , s'il y a lieu , dans les deux ans. Art. 39 de la loi de frimaire.

Passe-debout. Les registres des Octrois à ce destinés , sont soumis au timbre. Déc. du Min. des fin. du premier mai 1810.

Passeports délivrés à des particuliers , sont exempts de l'enregistrement. Art. 70 de la loi de frimaire.

Le prix des passeports à l'intérieur est de 2 fr.

——— A l'étranger , de 10 fr. Loi du 26 septembre 1810.

Patentes.

Les notaires , greffiers , huissiers , secrétaires , doivent mentionner les patentes des parties , dans les actes qu'ils rédigent , à peine d'une amende de 500 fr.

Les huissiers doivent aussi faire mention de leurs patentes. Ordon. du 23 décembre 1814.

Paturâge. V. *Bail de paturage.*

Pêche (louage de) , dans les fleuves et rivières , opère le même droit que pour les baux à ferme.

Pensions créées à titre onéreux , sont assujetties au droit de 2 fr. pour cent par l'art. 69 , §. 7 de la loi de frimaire.

2. Celles volontaires des enfans envers leurs pères et mères , sont assimilées aux baux de nourriture des mineurs , et ainsi soumises au droit de 25 cent. pour cent fr.

Permission *de saisir, gager,* etc. V. *Actes judiciaires* ; nomb. 10, 11 et 17.

Pétition. Les pétitions et mémoires , même en forme de lettres , présentées aux Ministres , aux Autorités constituées , aux Administrations et Etablissemens publics , doivent être faites sur papier timbré, Art. 12 de la loi du 13 brumaire an 7.

2. Sont exceptées celles qui ont pour objet des demandes de congés absolus et limités, et de secours, et les pétitions des déportés et réfugiés des Colonies, tendant à obtenir des certificats de résidence, passeports et passages pour retourner dans leur pays. Art. 16 de la loi du 13 brumaire an 7.

PIGNORATIF (le contrat) étant une espèce d'engagement, est soumis au droit de 2 fr. pour cent, par l'art. 69, §. 5 de la loi de frimaire.

PORTS D'ARMES. Le droit de timbre en est fixé à 15 fr. par la loi de 1816.

POURSUITES. V. *Contrainte.*

POUVOIR. V. *Procuration.*

PRÉFET. L'art. 6 de la loi du 27 ventose an 9, veut que les dispositions de la loi du 22 frimaire an 7, relative aux administrations civiles, soient applicables aux Préfets. V. *Actes administratifs.*

PRÉPARATOIRE. V. *Actes judiciaires*, nomb. 5, 10, 11 et 16.

PRESCRIPTION a lieu pour la demande des droits d'enregistrement après deux années, à compter du jour de l'enregistrement, s'il s'agit d'un droit non perçu sur une disposition particulière dans un acte, ou d'un supplément de perception, ou d'une fausse évaluation dans une déclaration;

Après trois ans, pour omission de biens dans une déclaration;

Après cinq ans, pour la demande du droit de succession;

Après trente ans, pour contraventions encourues et amendes.

Art. 61. De la loi du 22 frimaire.

2. Toute action en paiement d'un droit ou d'un supplément de perception, doit être dirigé contre

8

les parties. Déc. du Min. des fin. du 7 juin 1808.

3. Les amendes en contravention à la loi sur le notariat, se prescrivent par 30 ans. Déc. Min. des 13 et 27 septembre 1816.

4. Il résulte de ces mêmes décisions que,

Les peines portées par arrêts ou jugemens en matière criminelle, se prescrivent par 20 ans, d'après l'art. 635 du code d'instruction criminelle.

Les peines portées par jugement pour contravention de police, se prescrivent par 2 ans, d'après l'art. 639 du même code,

Et les amendes pour délits forestiers, se prescrivent par 10 ans.

PRÉSENTATION, *défaut* ou *congé* faute de comparoir, défendre ou conclure, qui doivent se prendre au greffe. Sujets au droit fixe de 1 fr. Art. 16 de la loi du 27 ventose an 9.

Ces actes n'ont plus lieu depuis la publication du code de procédure.

PRESTATION de *serment.*

1. Les prestations de serment des employés sont sujettes à l'enregistrement, qu'elles soient faites devant les tribunaux, ou entre les mains des Préfets ou Souspréfets. Déc. du Min. des fin. du 12 thermidor an 12.

2. La prestation d'un nouveau serment doit avoir lieu, lorsqu'un préposé d'une administration passe à un grade supérieur à celui dont il était pourvu ; mais un second serment n'est pas nécessaire, si le préposé change de résidence sans passer à un grade supérieur ; il suffit dans ce cas que l'acte de la prestation de serment soit enregistré au greffe du tribunal de sa nouvelle résidence. Cet enregistrement ne donne lieu à aucun droit, et doit avoir lieu *sans frais.* Déc. du Min. du 30 mai 1809.

3. Sont soumis au droit fixe de 15 fr. les actes de prestation de serment,

— Des arpenteurs des forêts Royales. Déc. du Min. des fin. du 10 messidor an 10 ;

— Des avocats, avoués et défenseurs officieux, pour entrer en fonctions. Déc. du 31 mai 1807 ;

— Des commis-greffiers, greffiers et huissiers des Cours royales, tribunaux de première instance et de commerce. Arrêt de la Cour de cassa. du 17 février 1806 ;

— Des concierges des maisons d'arrêts et de prison. D. du 12 août 1806 ;

— Des employés des contributions directes. Déc. du Min. des fin. du 3 vendemiaire an 13 ;

— Des ingénieurs des ponts et chaussées. Déci. du 4 thermidor an 13 ;

— Des notaires. Déc. du 24 vendémiaire an 13 ;

— Des préposés des douanes, à l'exception de ceux d'un grade inférieur à celui de contrôleur exclusivement. Déc. des 24 août et 25 octobre 1816 ;

— Des préposés des droits réunis autres que les surnuméraires, les simples commis, et les buralistes dont le traitement n'excède pas 500 fr. Même décision ;

Et en général de tous préposés et employés salariés par le gouvernement, autres que ceux dénommés ci-après.

4. Il est dû le droit fixe de 3 fr. pour les prestations de serment,

— Des agens des ponts et chaussées et de la navigation. Déc. du 2 août 1808 ;

— Des préposés des douanes, de grade inférieur à celui de contrôleur exclusivement. Déc. des 24 août et 25 octobre 1816 ;

— Des commis à pied et commis à cheval des contributions indirectes, des surnuméraires, des débitans de tabac, et des buralistes dont le traitement n'excède pas 500 fr. par année. Même décision ;

Et en général des préposés des administrations et de toutes autres personnes salariées par l'Etat, lorsque les traitemens, salaires ou remises n'excèdent pas

5oo fr. par an. Déc. du Min. des fin. du 9 mai 1817.

— Des gardes forestiers et des gardes champêtres. Art. 68 , §. 3 n.° 3 de la loi de frimaire ;

— Des greffiers et huissiers des justices de paix. Art. 68 , §. 3 n.° 3 de la loi de frimaire ;

— Des porteurs de contraintes. Déc. du 3 floréal an 13 ;

— Des préposés des octrois en général. Art. 138 du décret du 17 mai 1809 ;

5. Il est dû le droit fixe de 1 fr. pour les prestations de serment des agens provisoires nommés dans une faillite , des courtiers de change et de marchandises , des experts , des gardes de ventes , des gardes des particuliers, des interprètes des langues étrangères , des pharmaciens , des surnuméraires de l'enregistrement pour *interim* , par absence ou maladies, des surnuméraires des contributions directes , des imprimeurs et des libraires. Lois des 12 thermidor an 12 et 3 fructidor an 13.

6. Sont dispensées de la formalité de l'enregistrement les prestations de serment des commissaires de police , des juges , des préfets , sous-préfets , et membres des conseils de préfecture. Déc. des 4 thermidor an 13 , et 8 pluviose an 9.

7. Tout serment politique est exempt de l'enregistrement. Déc. du 3 floréal an 13.

PRÊT. V. *Obligation.*

PRISE DE POSSESSION. Cet acte opère le droit fixe de 1 fr. Art. 68 , §. 1 de la loi de frimaire.

PRISÉE DE MEUBLES. L'acte qui la contient opère le droit fixe de 1 fr. Mêmes art. et §.

PROCÈS-VERBAUX et rapports d'employés , gardes , commissaires , séquestres , experts et arpenteurs , sujets au droit d'enregistrement de 2 fr. Art. 43 de la loi de 1816.

2. Ceux ayant pour objet *le recouvrement des con-*

tributions directes et indirectes, et de toutes autres sommes dues à l'Etat, même des contributions locales, seulement lorsque la somme principale n'excède pas 25 fr., ne sont pas sujets à l'enregistrement.

3. Les procès-verbaux des employés du gouvernement et de tous officiers publics et ministériels, doivent être enregistrés dans les 4 jours de leur date. Art. 20 de la loi de frimaire.

4. Les procès-verbaux pour faits de police, pour délits ruraux et forestiers, pour délits de grande voirie, et ceux faits à la requête d'une administration publique, agissant dans l'intérêt de l'Etat (l'administration des droits indirects exceptée qui continue de faire l'avance des droits), doivent être enregistrés en débet, et les droits sont poursuivis contre les parties s'il y a lieu. Ord. du 22 mai 1816.

5. Ceux des huissiers et gendarmes concernant la police générale et de sûreté, et la vindicte publique, doivent être enregistrés *gratis*. §. 2 de l'art. 70 de la loi de frimaire.

6. Les procès-verbaux des bureaux de paix, desquels il ne résulte aucune disposition donnant lieu au droit proportionnel, ou dont le droit proportionnel ne s'élèverait pas à 1 fr. opèrent le droit fixe de 1 fr. Art. 68, §. 1 de la loi de frimaire.

7. Les procès-verbaux de cote et paraphe des livres et registres de commerce, susceptibles d'être paraphés d'après le code de commerce, sont sujets à l'enregistrement, moyennant le droit fixe de 1 fr. Art. 73 de la loi de 1816.

PROCURATION. Les procurations ne contenant aucune disposition donnant lieu au droit proportionnel, sont passibles du droit de 2 fr. Art. 43 de la loi de 1816.

Nota. Il est dû autant de droits qu'il y a de constituans ou de constitués, quand ils ne sont ni co-héritiers, ni co-associés, ni co-propriétaires, ou que les constitués peuvent agir séparément.

2. Les procurations des sous-officiers et soldats en retraite ou en réforme, à l'effet de toucher pour eux, à la caisse du payeur, les arrérages qui leur sont dus pour leur pension, sont exemptes de timbre et de toute espèce de droits. Art. 1 du décret du 21 décembre 1808.

PRODUCTIONS *de pièces* (les actes de) par les avoués en matière d'ordre, doivent 1 fr. fixe. Art. 68, §. 1 de la loi de frimaire.

PROMESSE. Celles d'indemnités indéterminées et non susceptibles d'estimation, opèrent le droit fixe de 2 fr. Art. 43 de la loi de 1816.

2. La promesse de vente vaut vente lorsqu'il y a consentement réciproque des deux parties sur la chose et sur le prix. Art. 1589 du C. C. Dans ce cas la promesse est passible du droit, tel qu'il est réglé pour la vente.

PROMULGATION des lois.

1. Une loi rendue le 28 est exécutoire à Paris le 30, et dans chacun des autres départemens dans l'expiration d'un jour suivant, et augmenté d'autant de jours qu'il y aura de fois 10 myriamètres. Art. 1 du code C.

2. Une ordonnance ne doit recevoir son exécution qu'au moment de sa publication réelle et de fait au chef-lieu du département. Loi du 12 vendémiaire an 4, et 25 prairial an 13.

PROROGATION *de délai* pour le paiement d'une créance établie par acte en forme. Cette disposition donne ouverture au droit fixe de 1 fr. Art. 68, §. 1 de la loi de frimaire.

PROTESTATION. V. *Exploits.*

PROTÊT. Sommation de payer ou d'accepter un effet de commerce. Cet acte fait par huissier opère le droit de 2 fr. Art. 43 de la loi de 1816. S'il est fait par notaire, le droit est d'un fr.

2. L'effet protesté peut n'être présenté à l'enregistrement qu'avec le protêt. Art. 69, §. 2 de la loi de frimaire.

Prud'hommes. Les actes et procès-verbaux du bureau de conciliation des prud'hommes, sont assujettis à l'enregistrement sur la minute. Les actes et jugemens de ces conseils concernant des contestations dont l'objet excède 25 fr. sont passibles du droit de 50 c. pour cent fr. sur le montant des condamnations, sans toutefois que le droit puisse être moindre de 1 fr. Si la somme désignée n'excède pas 25 fr., ils doivent être enregistrés *gratis*. Déc. des Min. de l'intérieur et des finances du 20 juin 1809.

Q

Qualités. Leur signification entre avoués est assujettie au droit de 50 c. en première instance, et de 1 fr. en Cour d'appel. Art. 41 et 42 de la loi de 1816.

Nota. Il est dû autant de droits qu'il y a d'avoués demandeurs ou défendeurs par le même acte.

Questions. L'administration est chargée de les résoudre avant l'introduction des instances.

Quittance. Les quittances et tous autres actes et écrits portant libération de sommes et valeurs mobilières, sont sujets au droit de 50 c. pour cent fr. Art. 69, §. 2 de la loi de frimaire.

2. Dans le cas de transmission de biens, la quittance donnée par le même acte de tout ou partie du prix entre les contractans, ne donne lieu à aucun droit particulier. Art. 10 de la même loi.

3. Cette disposition s'applique aux quittances de fermage, contenues dans l'acte même de bail à ferme. Déc. du Min. des fin. du 10 août 1815.

4. Les quittances des fournisseurs, ouvriers, maîtres de pension et autres de même nature, produites

comme pièces justificatives d'un compte, sont exemptes de l'enregistrement. Art. 537 du C. de P. C.

5. Sont également dispensées de l'enregistrement, celles des intérêts résultant d'inscriptions sur le grand livre ; les quittances ou acquits des inscriptions, mandats ou ordonnances de paiement sur les caisses publiques ; les quittances de contributions, droits, créances et revenus payés à l'Etat ; celles pour charges locales, celles des fonctionnaires et employés salariés par l'Etat, pour leurs traitemens et émolumens ; les quittances relatives aux décharges ou reduction, remises ou modérations d'impositions ; celles pour prêt et fourniture, tant pour le service de terre que pour le service de mer ; enfin, les quittances ou acquits des lettres de change, billets à ordre ou autres effets négociables. Art. 70, §. 3 de la loi de frimaire.

6. Toutes les quittances, sauf les exceptions ci-après, sont sujettes au timbre de dimension. Art. 16 de la loi du 13 brumaire an 7.

7. Sont exemptes du droit de timbre : les quittances de traitement et émolumens des fonctionnaires et employés salariés par le gouvernement ; les quittances ou récépissés délivrés aux percepteurs et receveurs de deniers publics ; celles que les collecteurs des contributions directes peuvent délivrer aux contribuables ; celles des contributions indirectes qui s'expédient sur les actes, et celles de toutes autres contributions qui se délivrent sur feuilles particulières, et qui n'excèdent pas 10 fr. ; les quittances des secours payés aux indigens, et des indemnités pour incendies, inondations, épizooties et autres cas fortuits ; et toutes autres quittances, même celles entre particuliers, pour créances en sommes non excédant 10 fr., quand il ne s'agit pas d'un à compte ou d'une quittance finale sur une plus forte somme. Art. 16 de la loi du 13 brumaire an 7.

R

RACHATS *de rentes.* V. *Remboursement.*

RADIATION *d'inscription*, consentie par acte notarié, par exploit, ou prononcée par arrêté du Préfet, doit 2 fr. Art. 43, §. 7 de la loi de 1816.

2. Prononcée par jugement. V. *Actes judiciaires*, nomb. 6, 12 et 17.

RAPPORTS. V. *Procès-verbaux.*

RATIFICATION. Les ratifications pures et simples d'actes en forme, opèrent le droit fixe de 1 fr. Art. 68, §. 1 de la loi de frimaire.

2. Les ratifications des actes passés en l'absence des parties, peuvent être écrites à la suite de l'acte et sur la même feuille. Art. 23 de la loi du 13 brumaire an 7.

RÉCÉPISSÉ *de pièces*, par acte notarié ou sous seing privé, 1 fr., Art. 68, §. 1 de la loi de frimaire ; par acte au greffe, V. *Actes judiciaires*, nomb. 5, 10, 11 et 16.

2. Les récépissés délivrés aux percepteurs des contributions, aux receveurs des deniers publics, et des contributions locales, sont exempts de l'enregistrement. Art. 70, §. 3 de la loi de frimaire.

3. Les récépissés que les receveurs de l'enregistrement délivrent aux greffiers, des extraits des jugemens qu'ils doivent fournir en exécution de l'art. 37 de la loi du 22 frimaire an 7, et qu'ils doivent inscrire sur leurs répertoires, sont exempts du timbre. Art. 38 de la loi de 1816.

RÉCEPTION *de caution* par acte (ailleurs qu'au greffe), 2 fr. fixe. Art. 43. de la loi de 1816.

RECHERCHE (il sera payé aux receveurs de l'enregistrement pour) de chaque année indiquée, 1 fr. ; et

par chaque extrait 5o cent., outre le papier timbré.
Ils ne doivent rien exiger au-delà. Art. 58 , §. 7 de la
loi de frimaire.

Recolement *de coupes de bois* (les procès-verbaux
de) , droit fixe de 2 fr. Art. 43 , §. 7 de la loi de 1816.

Reconnaissances, pures et simples , ne contenant
aucune obligation ni quittance , opèrent le droit de
2 fr. fixe. Art. 43 de la loi de 1816.

2. Celles portant obligation , et celles de dépôts de
sommes chez des particuliers , sont assujetties au droit
de 1 pour cent. Art. 69 , §. 3 de la loi de frimaire.

Reconnaissances d'enfans naturels.

1. Celles qui ont lieu par acte de célébration de
mariage, opèrent le droit fixe de 2 fr. Art. 43 de la
loi de 1816.

2. Celles qui ont lieu autrement que par acte de mariage , donnent lieu au droit fixe de 5 fr. Art. 45 de la
même loi.

3. Celles d'enfans naturels appartenans à des individus notoirement indigens , doivent être enregistrées
gratis. Art. 77 de la loi du 15 mai 1818.

Reconnaissances *de bestiaux.* Elles opèrent le
même droit que les baux à cheptel. V. *ce mot.*

Reconnaissances *de rentes.* V. *Titre nouvel.*

Reconnaissance *de scellés.* V. *Levée de scellés.*

Recours *en cassation.* V. *Cassation.*

Recouvrement.

Le recouvrement des droits de timbre et des amendes sera poursuivi par voie de contrainte , et en cas
d'opposition , les instances seront instruites et jugées
selon la forme prescrite par les lois du 22 frimaire an 7,
et 27 ventose an 9 sur l'enregistrement. En cas de décès des contrevenans , lesdits droits et amendes seront

dus par leurs successeurs, et jouiront, soit dans les successions, soit dans les faillites ou tous autres cas, du privilège des contributions directes. Art. 76, §. 7 de la loi de 1816.

RECRUTEMENT *de l'armée*, V. *Remplacement*.

RÉCUSATION *de juges*. S'il s'agit de la récusation d'un juge de paix, la partie doit former la récusation et en exposer les motifs par acte qu'elle fait signifier au greffier de la justice de paix. V. *Exploit*.

2. S'il s'agit des juges d'autres tribunaux, la récusation est proposée par un acte au greffe.

3. Cet acte opère le droit fixe de 3 fr. s'il est fait au greffe d'un tribunal de première instance ou de commerce. Art. 44 de la loi du 28 avril 1816.; de 5 fr. s'il est fait au greffe d'une Cour royale. Art. 45 de la même loi.

4. Les jugemens qui prononcent la récusation sont assujettis aux droits de 5 fr. ou de 10, selon qu'ils émanent d'un tribunal de première instance ou de commerce, d'une Cour royale. Art. 45 et 46 de la loi précitée.

5. Quant à la déclaration du juge, portant son acquiescement à la récusation, ou son refus de s'abstenir, elle n'est passible d'aucun droit. Déc. des Min. des fin. et de la justice du 13 juin 1809.

RÉDACTION (droit de). V. *Greffe*.

REDDITION de *compte*. V. *Compte*.

RÉFÉRÉ. Les ordonnances de référé rendues par des juges des tribunaux de première instance, sont sujettes au droit fixe de 3 fr. Art. 44 de la loi du 28 avril 1816.

REGISTRES de *l'Etat civil*, doivent être communiqués aux préposés, ainsi que les rôles de contributions, etc. à peine de 50 fr. d'amende. Art. 52 et 54 de la loi de frimaire.

RELEVÉS *des décès.* V. *Sépultures.*

REMBOURSEMENT. Les remboursemens ou rachats de rentes, pensions et redevances de toute nature, opèrent le droit de 50 c. pour cent. Art. 69, §. 2 de la loi de frimaire.

Le droit se liquide sur le capital qui avait été constitué, quel que soit le prix stipulé pour l'amortissement. Art 14 de la même loi.

RÉMÉRÉ. Une vente sous faculté de réméré ou de rachat opère le même droit que les ventes ordinaires. V. *Vente.*

REMISE *de dette.* V. *Acceptilation.*

REMISE *de droits et amendes.* V. *Amendes.*

REMISE *de pièces.* V. *Décharge.*

REMISE *de cause.* V. *Actes judiciaires,* nomb. 5, 10, 11 et 16.

REMPLACEMENT dans le service militaire, (acte de) contenant obligation de sommes, 1 fr. pour cent.

REMPLOI de la dot de l'un des conjoints, stipulé dans le contrat de mariage et ayant lieu sur les biens de la Communauté, 5 fr. fixe. Art. 45 de la loi 1816.

2. S'il a lieu sur les biens du mari en rentes ou objets mobiliers, 2 fr. pour cent ; et en immeubles, 5 fr. 50 c. pour cent. Art. 69 de la loi de frimaire et 52 de celle de 1816.

3. S'il y a liquidation du remploi en deniers, et qu'il soit passé obligation ou promesse de payer, 1 fr. pour cent ; si l'on paye à l'instant le montant du remploi, 50 c. pour cent. Art. 69, §. 3 et 2 de la loi de frimaire.

4. S'il est fait déclaration de remploi dans un contrat d'acquisition, et que cette déclaration soit acceptée, elle ne doit, outre le prix de la vente, que le droit fixe de 2 fr. Art. 43 de la loi de 1816.

RENONCIATION *à succession*, *Legs*, *ou Commu-*
nauté. Lorsqu'elle est pure et simple, elle opère le
droit fixe de 1 fr., si elle est faite par acte civil. Art.
68, §. 1 de la loi du 22 frimaire an 7. Elle donne ouverture au droit de 3 fr., si elle est faite par acte judiciaire. Art. 44 de la loi du 28 avril 1816.

2. Il est dû un droit par chaque renonçant, et pour
chaque succession à laquelle on renonce. Art. 68, §. 1
de la loi de frimaire.

3. Si la renonciation n'est pas faite en faveur de tous
les cohéritiers, ou si elle est consentie moyennant un
prix determiné, elle rentre dans la classe des donations
ou des ventes.

RENTE. V. *Transport*.

RÉPARATIONS *civiles*. V. *Actes judiciaires*, nomb. 6,
10, 12 et 17.

RÉPERTOIRE. Registre sur lequel les officiers publics
inscrivent sommairement les actes par eux reçus. V.
Notaire, n.º 6, 7 et 8.

Les greffiers sont tenus d'y porter les récépissés qui
leur sont délivrés par le receveur de l'enregistrement,
des extraits qu'ils doivent lui fournir des actes dont
les parties ne leur ont pas consigné les droits. Art. 38
de la loi de 1816.

REPRISE *d'instance*. V. *Actes judiciaires*, nomb. 11
et 16.

RÉPUDIATION. V. *Renonciation*.

REQUÊTE. V. *Ordonnance*.

RÉQUISITION. Le procès-verbal de réquisition dressé
aux termes de l'art. 931 du C. de P. C. pour parvenir
à levée de scellés, est passible du droit fixe de 2 fr.,
indépendamment de celui de 1 fr. dû sur l'ordonnance
du juge de paix qui doit être immédiatement rendue,

Rescision. V. *Résolution.*

Rescription. Mandat du trésor royal sur la caisse de l'un de ses préposés.

Ces rescriptions, leurs endossemens et acquits, sont exempts de l'enregistrement. Art. 70, §. 3 de la loi de frimaire. V. *Mandats.*

Résiliement. Convention portant qu'un acte demeure comme non avenu, et sans effet.

2. Les résiliemens *purs et simples* faits *par acte authentique*, *dans les vingt-quatre heures*, des actes résiliés, opèrent le droit fixe de 2 fr. Art. 43 de la loi de 1816.

3. S'ils ne renferment pas les trois conditions ci-dessus, ils donnent ouverture au droit proportionnel d'après la nature de l'acte résilié.

4. Toute rétrocession convenue *volontairement*, même pour cause de nullité radicale, opère le droit proportionnel comme vente.

5. Les droits perçus sur les contrats de mariage résiliés, doivent être restitués lorsqu'il est reconnu que la célébration n'a pas eu ni n'aura pas lieu, et que la demande en restitution est formée en temps utile, sauf à conserver le droit fixe de 5 fr. comme salaire de la formalité donnée au contrat de mariage. Déc. du Min. des fin. du 7 juin 1808.

Résolution *de contrat.* Cassation d'un acte par l'autorité administrative, judiciaire, ou par le consentement des parties.

1. Les jugemens des tribunaux de première instance ou d'arbitrage, portant résolution de contrat pour cause de nullité radicale, sont passibles du droit fixe de 5 fr. Art. 45 de la loi de 1816.

2. Ceux prononcés par arrêt d'une Cour royale, opèrent le droit de 10 fr. Art. 46 de la même loi.

3. La nullité radicale est celle qui vicie tellement le contrat, qu'il est nul à l'instant même où il est passé.

4. Tout jugement qui prononce la cassation ou re-scision d'un contrat pour cause de lésion d'outre moitié (plus de sept douzièmes) n'est assujetti qu'au droit fixe , sauf le droit de 5o c. pour cent sur la quittance du remboursement que le vendeur fait à l'acquéreur évincé. Si l'acquéreur retient l'objet vendu en payant un supplément de prix , le droit proportionnel comme vente est dû sur ce supplément. Déc. du Min. des fin. du 20 frimaire an 13.

5. Les jugemens portant résolution de contrat de vente pour défaut de paiement quelconque sur le prix de l'acquisition , lorsque l'acquéreur n'est pas encore entré en jouissance, ne sont assujettis qu'au droit fixe. Loi du 27 ventose an 9 , art. 12.

6. Les jugemens portant renvoi en possession de biens immeubles , faute de paiement des rentes et autres charges dont ils sont grêvés , ou à défaut d'accomplissement des conditions de l'acte de mutation , sont soumis au droit proportionnel réglé pour les ventes , sans attendre la prise de possession réelle de l'immeuble. Déc. du Min. des fin. du 6 pluviose an 13. Arrêts de la Cour de cassa. des 24 thermidor an 13 et 26 frimaire an 14.

7. Le jugement qui prononce la révocation d'une donation pour cause d'ingratitude, n'opère que le droit fixe, comme résolution de contrat pour vice radical.

RETRACTATION. V. *Révocation.*

RETRAIT *de réméré.* Exercice du droit de retirer un immeuble aliéné avec faculté d'y rentrer pendant un temps déterminé.

1. Les retraits exercés en vertu de réméré , par actes publics , dans les délais stipulés , ou faits sous signature privée, et présentés à l'enregistrement avant l'expiration de ces délais , opèrent le droit de 5o c. pour cent fr. Art. 69 , §. 2 de la loi de frimaire.

2. Si le retrait de réméré est exercé après le délai stipulé *dans la vente* , quand même il aurait été pro-

rogé par les parties ou par jugement, le droit est exigible comme pour vente. Arrêt de la Cour de cassa. du 22 brumaire an 14.

3. Le retrait de réméré exercé par un tiers, en conséquence de la cession que le vendeur lui a faite de la faculté de réméré qu'il s'étoit réservée, est passible du droit de 5 fr. 50 c. pour cent fr. comme vente. Arrêt de la cour de Cassa. du 21 germinal an 12.

RETRAIT *successoral* ou de *droits litigieux.*

1. Toute personne, même parente du défunt, qui n'est pas son successible, et à laquelle un cohéritier aurait cédé son droit à la succession, peut être écartée du partage, soit par tous les cohéritiers, soit par un seul, en lui remboursant le prix de la cession. Art. 841 du C. C.

2. Les retraits de l'espèce ne sont assujettis qu'au droit proportionnel de 50 c. pour 100 fr. sur les sommes à rembourser au cessionnaire, pourvu que les droits soient encore indivis lors du retrait.

RÉTROCESSION. Cession volontaire d'un objet à celui de qui on le tenoit.

La quotité du droit d'enregistrement des rétrocessions est la même que celle dont étaient passibles les actes rétrocédés, à l'exception des rétrocessions de baux dont le droit se liquide seulement sur les années restant à courir.

RÉUNION *de l'usufruit à la propriété*, par le décès de l'usufruitier.

1. Si la transmission de la nue propriété a eu lieu à *titre gratuit ou par décès*, il n'est rien dû pour la réunion de l'usufruit à la propriété, lorsque le droit d'enregistrement a été *acquitté* sur la valeur entière de la propriété. Art. 15 de la loi de frimaire.

2. Si la réunion s'opère par acte de cession, l'acte est passible du droit fixe de 3 fr. Art. 44 de la loi de 1816.

3. Dans le cas où la transmission de la nue propriété a eu lieu à *titre onéreux*, il n'est dû aucun droit pour la réunion de l'usufruit à la propriété qui s'opère par *le décès* de l'usufruitier.

4. Mais si elle a lieu en vertu d'un acte de cession, et si le prix est supérieur à l'évaluation qui en avoit été faite pour régler le droit de la translation de propriété, il est dû un droit par supplément sur ce qui se trouve excéder cette évaluation. Dans le cas contraire, l'acte de cession n'est sujet qu'au droit de 3 fr., en vertu de l'art. précité.

RÉUNION *de la propriété à l'usufruit.* Lorsque l'usufruitier qui a acquitté le droit d'enregistrement pour son usufruit, acquiert la nue propriété, il ne doit payer le droit d'enregistrement que sur la valeur de la nue propriété, sans qu'il y ait lieu d'y joindre celle de l'usufruit. Art. 15 de la loi de frimaire.

REVENDICATION (jugement prononçant). V. *Actes judiciaires*, nomb. 6, 12 et 17.

Ordonnance pour obtenir une revendication. Voy. *Actes judiciaires*, nomb. 5, 11 et 16.

REVENU. V. *Valeurs*, nomb. 2.

RÉVOCATION, et *rétractation*.

1. Les révocations, autres que celles des actes synallagmatiques dont il est traité au mot *résiliement*, opèrent le droit fixe de 2 fr. Art. 43 de la loi de 1816.

2. La révocation d'un testament est un acte de dernière volonté qui ne doit être enregistré que dans les trois mois du décès.

3. Si cet acte est pur et simple et ne contient que la déclaration de mourir *ab intestat*, on ne peut le considérer comme un acte de libéralité. Il n'opère que le droit fixe de 2 fr. Sol. de l'adm. du 14 nivose an 13. Art. 43 de la loi de 1816.

RÔLES et extraits de rôles de contributions, et rôles

9

d'équipages de la marine marchande, et des armemens en course. Exempts de l'enregistrement. Art. 70 , §. 3 de la loi de frimaire.

S

SAISIE-ARRÊT. Elle est passible du droit fixe de 2 fr. V. *Exploit.*

SAISIE-EXÉCUTION. Elle est sujette au droit ci-dessus. V. *Exploit.*

Il y a deux droits pour les procès-verbaux de saisie-exécution , l'un pour la signification à la partie saisie , et l'autre pour la remise au gardien, d'une copie du procès-verbal. Dé . du Min. des fin. du 2 fructidor an 7.

SAISIE *immobilière* (les procès-verbaux de) opèrent le droit fixe de 2 fr. V. *Exploit.*

2. Ils doivent être enregistrés par chaque vacation , dans le délai de quatre jours. Déc. du Min. des fin. du 17 mai 1808.

3. La transcription au greffe d'une saisie immobiliaire opère le droit fixe de 3 fr. ; le certificat d'insertion au journal, 1 fr. ; le cahier des charges pour la vente, 1 fr. ; et le dépôt au greffe de ce cahier , 3 fr. Art. 68 , §. 1 de la loi de frimaire, et 44 de celle de 1816.

SCELLÉ. V. *Apposition , Levée de scellés.*

SECRÉTAIRES des Préfectures , Sous-préfectures et Mairies.

1. Ils doivent faire revêtir de la formalité , dans les vingt jours de leur date , les actes administratifs sujets à l'enregistrement. Ce délai , pour les actes sujets à l'approbation des Ministres et des Préfets , ne court que du jour où l'approbation est parvenue à la préfecture , sous-préfecture ou mairie. A défaut d'enregistrement dans le délai , la peine du double droit est encourue.

2. Lorsque les parties n'ont pas consigné en leurs mains, dans le délai, le montant du droit, ils fournissent aux receveurs de l'enregistrement dans les dix jours qui suivent l'expiration du délai, des extraits de ces actes, à peine de 10 fr. d'amende pour chaque décade de retard et pour chaque acte, et d'être en outre personnellement contraints au double droit. Sur l'extrait, le recouvrement du droit et double droit est suivi par le receveur contre les parties. Art. 29, 37 et 38 de la loi de frimaire an 7. V. *Actes administratifs*, *Sépultures.*

3. Pour les obligations qui leur sont communes avec les notaires et greffiers, voyez au mot *notaire*, nombres 2, 5, 6, 7, 8, 19, 25, 26, 27, 29 et 30. Voyez *Amendes.*

SÉPARATION *de corps ou de biens.*

1. Les jugemens de séparation de biens entre mari et femme, qui ne portent point condamnation de sommes ou valeurs, ou dont le droit proportionnel ne s'élève pas aux droits fixes ci-après, opèrent le droit de 15 fr. lorsqu'ils sont rendus par des tribunaux de première instance, et de 25 fr. lorsqu'ils émanent des Cours royales. Art. 68, §. 6 de la loi de frimaire, et art. 47 de celle de 1816.

2. Les jugemens portant séparation de corps, emportant toujours séparation de biens, sont passibles des mêmes droits.

SÉPULTURES.

Les secrétaires des mairies doivent fournir tous les trois mois les relevés des sépultures aux receveurs de l'enregistrement, à peine pour chaque mois de retard d'une amende de 30 fr. Art. 55 de la loi de frimaire.

SÉQUESTRE (jugemens portant nomination de). V. *Actes judiciaires*, nomb. 12 et 17.

SERMENS. V. *Prestation de sermens.*

SIGNIFICATION. V. *Exploit.*

9.

Les significations peuvent être écrites à la suite du jugement et autres pièces dont il est délivré copie. Art. 23 de la loi du 13 brumaire an 7.

SOCIÉTÉ. Les actes de société qui ne portent ni obligation, ni libération, ni transmission de biens meubles ou immeubles entre les associés ou autres personnes, opèrent le droit fixe de 5 fr. Art. 45 de la loi de 1816.

2. L'acte par lequel un associé transmet, par la mise en commun, des meubles ou des immeubles à la société, ne donnant lieu qu'à une mutation éventuelle, n'est sujet qu'au droit fixe de 5 fr., quelles que soient les clauses et les mises en commun de biens fonds, de mobilier ou d'industrie ; et il n'y a que les dispositions purement personnelles soit à l'un, soit à quelques uns des associés stipulant respectivement entre eux, soit à des étrangers intervenans, qui puissent donner ouverture au droit proportionnel, si ces dispositions contiennent obligation, libération ou transmission. Déc. du Min. des fin. du 8 décembre 1807.

3. Les actes d'adhésion à une société déjà établie, forment entre les anciens associés et celui qui se réunit à eux, en adhérant à leurs statuts, une nouvelle société, sujette, comme la première, au droit fixe de 5 fr. Déc. du Min. des fin. du 28 frimaire an 8.

SOMMATION. V. *Exploit.*

SOULTE. Ce qui est donné pour égaler les lots ou parts dans les partages, et échanges. V. ces deux mots.

SOUMISSION. Celles faites au greffe pour le cautionnement d'une condamnation mobilière, sont passibles du droit proportionnel, indépendamment de celui perçu sur le montant de la condamnation. Arrêt de la Cour de cass. du 3 prairial an 12.

2. Celles fournies par les receveurs particuliers aux receveurs généraux, du montant des contributions

directes, sont exemptes du timbre. Déc. du Min. des fin. du 9 floréal an 8.

Sous-bail. Le droit en est fixé sur le pied réglé pour les baux. V. *Bail.*

Souscription. La reconnaissance fournie à celui qui souscrit pour l'impression d'un ouvrage de littérature, d'art ou de science, pouvant être produite comme titre, est sujette au timbre de dimension, aux termes de l'art. 12 de la loi du 13 brumaire an 7.

Subrogation. Voyez *Bail*, *Vente*, et *Cession de créance.*

Subvention *du dixième*, est maintenue par les lois des 28 avril 1816, et 15 mai 1818, excepté sur les droits de timbre de dimension, proportionnel, affiches, avis et annonces.

Succession. Les droits de mutation qui s'effectuent par décès, soit par succession, soit par testament ou autres actes de libéralité à cause de mort, de propriété ou d'usufruit, de biens meubles et immeubles, seront perçus selon les quotités ci-après. Art. 53 de la loi du 28 avril 1816.

Pour les biens immeubles.

En ligne directe ;
1 fr. pour cent Art. 69, paragraphe 3 de la loi de frimaire.

D'un époux à un autre époux, par donation ou testament ;
3 fr. pour cent. Art. 53 de la loi de 1816.

Des frères et sœurs à des frères et sœurs et descendans d'iceux, successions de neveux et nièces, petits neveux et petites nièces, dévolues à des oncles et tantes, grands oncles et grand tantes, et autres personnes au degré successible, (c. a. d. jusqu'au douzième degré inclusivement);
5 fr. pour cent ; même art.

Entre toutes autres personnes ;
7 fr. pour cent ; même art.

Pour les biens meubles.

En ligne directe ;
25 c. pour cent. Art. 69, paragraphe 1 de la loi de frimaire.

Entre époux ;
1 fr. 50 c. pour cent fr. Art. 53 de la loi du 28 avril 1816.

Entre frères, sœurs, oncles, tantes, neveux et nièces, et autres parens au degré suscessible ;
2 fr. 50 c. pour cent fr. ; même art.

Entre toutes autres personnes ;
3 fr. 50 c. pour cent fr. même art.

2. Lorsque l'époux survivant ou les enfans naturels sont appelés à la succession, à défaut de parens au degré successible, ils seront considérés, quant à la quotité des droits, comme personnes non parentes ; même article.

3. Les héritiers, donataires ou légataires, leurs tuteurs ou curateurs, sont tenus de passer déclaration détaillée des mutations de propriété ou d'usufruit, par décès, savoir : des immeubles, au bureau de la situation des biens ; des meubles, au bureau dans l'arrondissement duquel ils se seront trouvés au décès de l'auteur de la succession ; des rentes et autres biens meubles sans assiette déterminée, au bureau du domicile du décédé.

4. Il sera rapporté à l'appui des déclarations de meubles, un inventaire ou état estimatif, article par article, certifié des déclarans, s'il n'a pas été fait par un officier public. Cet inventaire sera déposé et annexé à la déclaration qui sera reçue et signée sur le registre du receveur. Art. 27 de la loi de frimaire.

5. Les délais pour les déclarations sont, savoir ;

De six mois, à compter du jour du décès ; lorsque celui dont on recueille la succession est décédé en France ;

De huit mois, s'il est décédé dans toute autre partie de l'Europe ;

D'une année, s'il est mort en Amérique ; et de deux années, si c'est en Afrique ou en Asie.

Le délai de six mois ne court que du jour de la mise en possession, pour la succession d'un absent ; celle d'un condamné si les biens sont séquestrés ; celle qui auroit été séquestré pour toute autre cause ; celle d'un défenseur de la patrie, s'il est mort en activité de service ; ou enfin celle qui seroit recueillie par indivis avec l'Etat. Art. 24 de la même loi.

6. Les héritiers et légataires d'un individu dont l'absence est déclarée, sont tenus de faire la déclaration dans les six mois du jour de l'envoi en possession provisoire.

7. En cas de retour de l'absent, les droits payés seront restitués, sous la seule déduction de celui auquel aura donné lieu la jouissance des héritiers. Art. 40 de la loi de 1816.

8. Les déclarations faites après les délais ci-dessus, sont soumises à un demi-droit en sus de celui qui est dû pour la mutation.

9. La peine pour les omissions et les insuffisances d'estimation, est d'un droit en sus. Art. 39 de la même loi.

10. L'usufruitier est tenu du paiement des droits dus à raison de son usufruit, indépendamment de ceux que doit acquitter l'héritier de la nue propriété, sur la valeur entière de l'objet.

11. La propriété s'évalue au denier 20 du capital du revenu, et l'usufruit au denier 10. Art. 15 de la loi de frimaire. V. *Valeurs*, nomb. 2.

12. La perception suit les sommes et valeurs de 20 fr. en 20 fr., inclusivement et sans fraction, et il ne peut être perçu moins de 25 c. pour l'enregistrement des mutations qui ne donneraient pas lieu à un plus fort droit.

13. Le droit à payer par les enfans naturels et ceux adoptifs, est celui qui est fixé par les successions en ligne directe.

14. Les cohéritiers sont solidaires pour le paiement des droits. Art. 32 de la loi de frimaire.

Mais il n'y a point de solidarité entre les *enfans naturels* ou les *légataires*, puisque la loi ne l'a pas prononcée.

15. L'Etat a action sur les revenus des biens à déclarer, en quelques mains qu'ils se trouvent, pour le paiement des droits dont il faut poursuivre le recouvrement. Art. 32 de la loi de frimaire.

16. Un héritier présomptif qui n'a pas fait sa déclaration dans les six mois du décès, peut encore, en renonçant à la succession, se dispenser du paiement du droit, (pourvu toutefois qu'il ne se soit pas encore immiscé dans la succession). Arrêt de la Cour de cassat. du 23 frimaire a 11.

17. La peine du demi-droit en sus prononcée par l'art. 39 de la loi de frimaire précité, n'est pas exigible contre les héritiers de celui qui l'a encourue. Déc. du Min. des fin. du 15 juillet 1806.

18. Lorsqu'en vertu de l'art. 747 du Code C. un ascendant succède aux choses par lui données à ses enfans, cette transmission s'opérant à titre de succession, donne ouverture au droit de mutation. Il n'en est pas de même lorsqu'il rentre dans la propriété de l'objet par lui donné en vertu du droit de retour qu'il s'est réservé dans l'acte de donation. Déc. du Min. des fin. du 29 décembre 1807.

19. Les mutations par décès, de rentes sur l'Etat, et de tous effets de la dette publique inscrits ou à inscrire définitivement, sont exemptes de l'enregistrement. Art. 70, §. 3 de la loi de frimaire.

20. Il est fait remise aux héritiers et représentans des propriétaires émigrés dont les biens ont été *confisqués*, des droits de mutation par décès dus à raison des biens appartenans à leur auteur, et dans la propriété desquels lesdits héritiers et représentans ont été réintégrés en vertu des lois du 5 décembre 1814, et du 28 avril 1816.

L'effet de cette remise est exclusivement limité aux droits résultans de cette entrée en possession. Art. 78 de la loi du 25 mars 1817. V. *Legs.*

Surenchère. V. *Enchère.*

Sursis. V. *Amende*, nomb. 1.

Inscription *des testamens mystiques.* Cet acte opère le droit fixe de 2 fr. Art. 13, §. 7 de la loi de 1816.

1. Il ne doit être enregistré que dans les trois mois du décès du testateur.

2. Lorsque pour satisfaire au vœu de l'art. 976 du C. C., le notaire rédige l'acte de suscription dès l'instant que la réquisition lui en est faite; il n'est pas responsable de la contravention qu'il commet en rédigeant cet acte sur une enveloppe non timbrée du testament. Déc. du Min. des fin. du 3 novembre 1807.

T

Tables. Les tables annuelles et décennales des actes de l'état civil doivent être sur papier timbré. Art. 4 du décret du 22 juillet 1807.

Témoins. Ne sont comptés que pour un dans les significations d'acte. V. *Exploits.*

Testamens et tous autres actes de libéralité qui ne contiennent que des dispositions soumises à l'événement du décès, sont sujets au droit fixe de 5 fr. Art. 45 de la loi de 1816.

1. Ceux déposés chez les notaires, ou par eux reçus, doivent être enregistrés dans les trois mois du décès des testateurs, à la diligence des héritiers, donataires, légataires, ou exécuteurs testamentaires, à peine du double droit. Art. 21 et 38 de la loi de frimaire.

2. Les testamens ne sont sujets qu'au droit fixe, à moins qu'ils ne contiennent des obligations ou reconnaissances, et les légataires ne sont tenus d'acquitter les droits des legs, que dans les six mois du jour du décès. V. *Legs.*

3. Néanmoins le droit fixe de 1 fr. dû pour les legs aux hospices et fabriques, doit être perçu lors de l'enregistrement du testament qui les contient.

4. Les notaires peuvent, dans les testamens qu'ils reçoivent, faire mention d'actes sous seing-privé non-enregistrés. Déc. du Min. des fin. du 14 juin 1808.

5. Ils sont autorisés, du vivant des testateurs, à leur délivrer des expéditions de leurs testamens, sans les avoir fait enregistrer. Déc. du Min. des fin. du 25 avril 1809.

6. Ils sont dispensés de dresser acte de dépôt des testamens qui leur sont déposés par les testateurs.

7. Ils peuvent recevoir en dépôt, sans enregistrement préalable, les testamens et pièces qui s'y trouvent renfermées, lorsque la remise leur en est faite, *en vertu d'ordonnance de juge.* Déc. du Min. du 29 septembre 1807.

TIERS-SAISIS.
—— (citation à) V. *Exploits*, nomb. 3, 4 et 5.
—— (Déclaration par un) V. *Actes judiciaires*, nomb. 8, 12 et 17.

TIMBRE. La contribution du timbre est établie sur tous les papiers destinés aux actes civils et judiciaires, et aux écritures qui peuvent être produites en justice et y faire foi. Art. 1 de la loi du 13 brumaire an 7.

2. Dans le cas de contravention à cet article, l'amende est de 30 fr. pour tout acte ou écrit sous signature privée, et de 100 fr. pour chaque acte public ou expédition, fait ou délivré sur papier non-timbré, indépendamment de la restitution du droit de timbre. Art. 26 de la même loi.

3. Quant aux obligations ou effets de commerce, V. *Effets.*

4. La loi établit des exceptions aux dispositions de l'art. 1 précité. Elles sont rapportées sous le nom des divers actes auxquels elles sont applicables.

5. Les droits de timbre sont fixés comme aux ta-
bleaux ci-après :

1.º *Papiers de dimension.*

DÉSIGNATION.	PRIX.
La demi-feuille de petit papier. . .	0 f. 35 c.
La feuille de petit papier.	0 .70
Celle de moyen papier.	1 25
Celle de grand papier.	1 50
Celle de dimension supérieure. . .	2 00

2.º *Timbre proportionnel ou effets de
Commerce.*

Pour 1000 fr. et au-dessous. . . .			70
de 1000 à 2000.	1	40
2000 à 3000.	2	10
3000 à 4000.	2	80
4000 à 5000.	3	50
5000 à 6000.	4	20
6000 à 7000.	4	90
7000 à 8000.	5	60
8000 à 9000.	6	30
9000 à 10000.	7	
10000 à 11000.	7	70
11000 à 12000.	8	40
12000 à 13000.	9	10
13000 à 14000.	9	80
14000 à 15000.	10	50
15000 à 16000.	11	20
16000 à 17000.	11	90
17000 à 18000.	12	60
18000 à 19000.	13	30
19000 à 20000.	14	

Au dessus de vingt mille francs le visa pour supplément de droit de timbre a lieu en payant 70 cent. pour chaque 1000 fr. sans fractions.

Tous les actes sujets à l'enregistrement sont soumis au droit de timbre.

Les particuliers sont tenus de fournir toutes les espèces de papiers dont il va être fait mention ci-après ;

3.° *Timbre des Affiches.*

La feuille de 25 décim. carrés de superficie.	» f. 10 c.
La demi-feuille.	05

Elles ne peuvent être de couleur blanche.

4.° *Timbre des Avis et Annonces.*

La feuille au-dessous de 30 décim. carrés.	10
La demi-feuille.	05
Le quart de feuille.	$2\frac{1}{2}$
Le demi-quart de feuille et cartes. . .	01

Le décime par franc ne doit pas être ajouté aux droits des papiers désignés ci-devant, et continue d'être établi sur ceux qui suivent.

5.° *Catalogues et Prospectus.*

La feuille au-dessous de 30 décim. carrés.	05
La demi-feuille et au-dessous. . . .	03
La feuille de 30 décim. carrés et au-dessus.	08
La demi-feuille.	04

6.° *Journaux, Papier musique, et Ouvrages.*

La feuille de 25 décimètres carrés de superficie.	05
La demi-feuille, même espèce. . . .	03

Pour les dimensions supérieures, un cent. en sus pour chaque cinq décimètres carrés d'excédant.

Il est en outre perçu, d'après la loi du 15 mai 1818, un centime et demi par feuille sur ceux imprimés à Paris, et un demi centime sur ceux imprimés dans les Départemens.

7.° *Livres de Commerce, qui consistent dans le Livre-journal et dans le Livre des inventaires.*

Le feuillet de moyen papier , ou de dimension inférieure.   .   .   .   .   20 c.

Le feuillet de grand papier.   .   .   .   30

Le feuillet de grand registre , ou de dimension supérieure.   50

Nota. Les droits de timbre ont été établis par les lois des 13 vendémiaire an 6 , 13 brumaire et 6 prairial an 7 , 28 avril 1816 , et 15 mai 1818.

TITRES-NOUVELS et *reconnaissance de rentes* , dont les contrats sont *justifiés en forme* , doivent le droit fixe de 3 fr. Art. 44 de la loi de 1816. Quant à ceux dont les contrats ne sont pas justifiés en forme , Voyez *Constitution de rente.*

TRAITES. Celles qui contiennent obligations de sommes et valeurs mobiliaires sont passibles du droit de 1 fr. pour 100 fr. Art. 69 , §. 3 de la loi de frimaire. V. *Effets de Commerce.*

TRAITÉ. V. *Marché.*

TRANSACTION. Celles en quelque matière que ce soit ; qui ne contiennent aucune stipulation de sommes et valeurs , ni dispositions soumises à un plus fort droit d'enregistrement , opèrent le droit fixe de 3 fr. Art. 44 de la loi de 1816.

2. Les transactions pouvant être faites sur toutes sortes d'objets , et étant susceptibles de conventions de toute espèce , donnent ouverture à divers droits , suivant la nature des dispositions qu'elles contiennent. Mais on doit observer que le droit fixe n'est pas exigible lorsque les stipulations qui font l'objet de l'acte donnent lieu à de plus forts droits.

Transcription *hypothécaire.* V. *Hypothèque.*

Transcription *de saisie immobilière.* Celles faites aux greffes des tribunaux de première instance opèrent , comme actes du greffe , le droit d'enregistrement de 3 fr., fixé par l'art. 44 de la loi du 28 avril 1816. Déc. du Min. des fin. du 13 juin 1809.

Elles sont en outre soumises à un droit de greffe de 3 fr., nomb. 2 de l'art. 1 du décret du 12 juillet 1808.

Transfert *de rentes par des particuliers ,* opèrent le droit de 2 pour 100. Art. 69 , §. 5 de la loi de frimaire , et doivent acquitter en même temps le droit de 1 et demi pour 100 de transcription. Art. 54 de la loi de 1816 , et déc. du Min. des fin. du 14 avril 1818.

2. Ceux faits par les directeurs des domaines aux porteurs de rescriptions de la trésorerie , en exécution de l'arrêté du Gouvernement du 27 prairial an 8 , ne sont sujets qu'au droit fixe de 1 fr.

Pour déterminer la valeur des rentes stipulées, payables en denrées. V. *Valeurs ,* nomb. 2.

Transfert *d'inscription.* V. *Inscription.*

Transmission *verbale d'immeubles.* V. *Ventes.*

Transport. V. *Cession.*

Tutelle *officieuse.* Les actes de tutelle officieuse opèrent le droit fixe de 50 fr. Art. 48 de la loi de 1816.

Tuteur. V. *Nomination.*

1. Le tuteur est tenu d'acquitter le droit d'enregistrement des testamens et de passer déclaration des successions échues au pupille. V. *Testament , Succession.*

2. Il supporte *personnellement* la peine des demi-droit en sus et double droit , lorsqu'il a négligé d'acquitter les droits dans les délais , ou qu'il a commis des omissions ou fausses évaluations. Art. 39 de la loi de frimaire.

3. Les états que les tuteurs sont obligés de remettre de leur gestion , chaque année , aux subrogés tuteurs , sont exempts du timbre. Art. 470 du C. C.

U

Union de *créanciers*. Contrat par lequel les créanciers d'un débiteur s'unissent pour parvenir au recouvrement de ce qui leur est dû.

Cet acte est assujetti au droit fixe de 3 fr. Art. 68 , §. 3 de la loi de frimaire.

Si elles portent obligation de sommes déterminées par les co-intéressés envers un ou plusieurs d'entre eux , ou autres personnes chargées d'agir pour l'union , il doit être perçu un droit particulier comme pour obligation. Même art.

Usufruit. L'usufruit de *biens meubles* transmis à *titre gratuit* , s'évalue à la moitié de la valeur entière de l'objet , sans distraction des charges. Art. 14 , nomb. 11 de la loi de frimaire.

2. Celui *des immeubles* s'évalue à dix fois le produit des biens ou le prix des baux courans , aussi sans distraction des charges. Art. 15 de la même loi.

3. Lorsque la transmission d'usufruit s'opère par acte *à titre onéreux* , le droit est assis sur le prix exprimé , et le capital de charges qui peuvent ajouter au prix. Art. 14 et art. 15. Au surplus , V. *Réunion d'usufruit* , *Vente* , nombre 3.

Quant à la quotité du droit , V. *Donation* , *Succession* , *Vente.*

V

Vacation. Espace de temps employé par des officiers publics à une opération.

1. La vacation doit être de trois heures au moins , art. 1 du décret du 16 février 1807. Elle ne peut ex-

ecéder 4 heures. Art. 1 de celui du 10 brumaire an 14.

2. Le procès-verbal de *chaque vacation* doit être enregistré dans le délai et sous les peines portées par la loi. Déc. du Min. des fin. du 18 germinal an 8.

3. Par ce mot *procès-verbal* on doit entendre celui de la *vacation*, *signé des parties et de l'officier public*, et non pas *la réunion de toutes les vacations*. Déc. du Min. des fin. du 19 frimaire an 14.

4. Cette règle s'applique aux procès-verbaux de ventes de meubles, à ceux de réceptions d'enchères d'immeubles qui n'ont pas été faites dans la séance où les biens ont été vendus, et généralement à tous actes qui ne peuvent être consommés que dans plusieurs séances. Même décision.

5. A défaut d'enregistrement, il est dû une amende pour *chaque vacation* non présentée à la formalité dans le délai.

6. On ne doit pas exiger qu'il soit fait sur le répertoire une inscription particulière pour chaque vacation.

7. Les inventaires, procès-verbaux et autres actes qui ne peuvent être consommés dans une même vacation, peuvent être continués sur la même feuille. Art. 23 de la loi du 13 brumaire an 7.

VALEURS. 1. Lorsque les sommes et valeurs ne sont pas déterminées dans un acte ou un jugement, donnant lieu au droit proportionnel, les parties seront tenues d'y suppléer, avant l'enregistrement, par une déclaration estimative, certifiée et signée au pied de l'acte. Art. 16 de la loi de frimaire.

2. Pour les rentes et les baux stipulés, payables en quantité fixe de grains et denrées, dont la valeur est déterminée par des mercuriales, et pour les donations entre-vifs et les transmissions par décès des biens, dont les baux sont également stipulés payables en quantité fixe de grains et denrées, dont la valeur est également déterminée par des mercuriales, la liquidation du droit proportionnel d'enregistrement sera faite d'après l'évaluation du montant des rentes ou du prix des

baux , résultant d'une année commune , de la valeur des grains ou autres denrées , selon les mercuriales du marché le plus voisin.

On formera l'année commune d'après les quatorze dernières années antérieures à celle de l'ouverture du droit ; on retranchera les deux plus fortes et les deux plus faibles ; l'année commune sera établie sur les dix années restantes. Art. 75 de la loi du 15 mai 1818.

VALIDITÉ. Les jugemens des juges de paix portant validité de congé , doivent le droit fixe de 2 fr. Art. 68 , S. 2 de la loi de frimaire.

VENDRE (Ordonnance rendue en première instance portant permis de). 3 fr. Art. 44 de la loi de 1816.

VENTES *de meubles.*

1. Les ventes , reventes , adjudications , cessions , rétrocessions , marchés , traités et autres actes , soit civils , soit judiciaires où extra-judiciaires , translatifs de propriété , à titre onéreux , de meubles , récoltes de l'année sur pied , coupes de bois taillis et de haute futaie , et autres objets mobiliers généralement quel-conques , même les ventes de cette nature faites par l'Etat , opèrent le droit de 2 pour 100. Art. 69 , S. 5 de la loi de frimaire.

2. Les adjudications à la folle-enchère de biens meubles sont assujetties aux mêmes droits , mais seulement sur ce qui excède le prix de la précédente adjudica-tion , si le droit en a été acquitté.

3. Si le prix de l'adjudication à la folle-enchère n'est pas supérieur à celui de la précédente adjudication , le procès-verbal opère le droit fixe de 3 fr. Art. 44 de la loi de 1816.

4. Les décharges de prix de ventes à l'encan d'ob-jets mobiliers , ne donnent ouverture qu'au droit fixe de 2 fr. : elles peuvent être écrites à la suite du procès-verbal de vente. Avis du Conseil d'Etat du 7 octobre 1809. Art. 44 de la loi de 1816.

5. Tous objets mobiliers ne peuvent être vendus publiquement , et par enchères , qu'en présence et

par le ministère d'officiers publics , *ayant qualités pour y procéder.* Art. 1 de la loi du 22 pluviose an 7. Ces officiers sont les commissaires priseurs , à Paris ; les notaires , huissiers et greffiers , dans les départe-mens , et les courtiers de commerce dans les cas ci-après.

6. Il n'est dû que 50 cent. pour 100 pour les ventes publiques de marchandises qui , conformément au décret du 17 avril 1812 , seront faites à la bourse et aux enchères , par le ministère des courtiers de com-merce , d'après l'autorisation du tribunal de commerce. Art. 74 de la loi du 15 mai 1818.

7. L'amende encourue par tout particulier, pour violation de cette disposition est déterminée en raison de l'importance de la contravention, mais sans pouvoir être au-dessous de 50 fr. , ni excéder 1000 fr. Art. 7 de la même loi.

8. Sont exceptées des régles ci-dessus établies les ventes de mobilier de l'Etat , faites par les préposés des domaines , et celles des effets militaires qui se font devant les officiers d'administration ou commis-saires des guerres.

9. Aucun officier public ne peut procéder à une vente publique, et par enchères , d'objets mobiliers , qu'il n'en ait préalablement fait la déclaration au bu-reau de l'enregistrement, dans l'arrondissement duquel la vente a lieu ; art. 2 de la loi du 22 pluviose an 7 ; à peine d'une amende de 100 fr. , art. 7.

10. Copie de cette déclaration doit être transcrite en tête du procès-verbal de vente, à peine de 25 fr. d'a-mende. Art. 5 et 7.

11. Il est prononcé une amende de 100 fr. pour chaque article adjugé et non porté au procès-verbal (outre la restitution du droit) et pour chaque altéra-tion de prix des articles adjugés , et de 15 fr. pour chaque article, dont le prix ne serait pas écrit en toutes lettres au procès-verbal , art. 7.

12. Les officiers publics qui procèdent à des ventes mobilières, sont tenus de comprendre dans leurs procès-verbaux tous les articles exposés en vente , tant

ceux par eux adjugés , soit en totalité ou sur simple
échantillon, que ceux *retirés* ou *livrés* par les propriétaires ou les héritiers pour le prix de l'enchère ou
de la prisée , sous peine de 100 fr. d'amende. Ordon-
donnance du Roi du premier mai 1816.

Ventes d'*immeubles*.

1. Les ventes , reventes , adjudications , cessions ,
rétrocessions , et tous autres actes civils et judiciaires ,
translatifs de propriété ou d'usufruit de biens immeubles , à titre onéreux , opèrent le droit de 5 fr. 5o cent.
pour 100 fr. Art. 52 et 54 de la loi du 28 avril 1816.

2. Mais la formalité de transcription au bureau de
la conservation des hypothèques , ne donne plus lieu
à aucun droit proportionnel. Même art.

3. Si l'usufruit est réservé par le vendeur , il sera
évalué à la moitié de tout ce qui forme le prix du contrat , et le droit sera perçu sur le total ; mais il ne sera
dû aucun autre droit pour la réunion de l'usufruit à
la propriété ; cependant si elle s'opère par un acte de
cession , V. *Réunion d'usufruit.*

4. Les adjudications à la folle-enchère de biens
de même nature , sont assujetties au même droit de 5
fr. 5o cent. pour 100 fr. ; mais seulement sur ce qui
excède le prix de la précédente adjudication , si le
droit en a été acquitté. Art. 69 , §. 7 de la loi de frim.

5. Lorsque le prix de l'adjudication à la folle-enchère
n'est pas supérieur à celui de la précédente adjudication , le procès-verbal n'est passible que du droit fixe
de 3 fr. Art. 44 de la loi de 1816.

6. Une vente à faculté de réméré étant translative de
propriété , quoique résoluble sous condition , est sujette aux mêmes droits que les ventes ordinaires.

7. Lorsqu'un acte translatif de propriété ou d'usufruit comprend des *meubles et des immeubles* , le
droit d'enregistrement doit être perçu sur la totalité
du prix , au taux réglé pour les immeubles , à moins
qu'il ne soit stipulé un prix particulier pour les objets
mobiliers , et que ces objets ne soient désignés et

10.

estimés , article par article , dans le contrat ou dans un inventaire. Art. 9 de la loi de frimaire.

8. La vente d'un bien fonds avec les objets placés pour son exploitation , opère le droit d'enregistrement à raison de 5 fr. 50 c. pour 100 fr. , sur le prix cumulé du bien qui est immeuble par sa nature , et des objets qui , par leur destination , sont de nature immobilière , lors même qu'on les aurait estimés article par article.

9. Pour les ventes sous signature privée ou verbales , V. *Actes sous seing privé , Mutations.*

10. Quant aux ventes faites à l'Etat ou aux Hospices , V. *Acquisition.*

11. Le droit de la vente de la nue propriété , faite à un usufruitier qui a acquitté l'enregistrement pour son usufruit , ne doit être perçu que sur la valeur de la nue propriété , sans qu'il y ait lieu d'y joindre celle de l'usufruit. Art. 15 de la loi de frimaire.

12. Dans le cas de transmission de biens , la quittance donnée ou l'obligation consentie par le même acte , pour tout ou partie du prix entre les contractans , n'opère point un droit particulier d'enregistrement. Art. 10 de la loi de frimaire.

13. Les droits d'enregistrement des actes civils et judiciaires , emportant translation de propriété ou d'usufruit d'immeubles , doivent être supportés par les nouveaux possesseurs , à moins qu'il n'y ait stipulation contraire dans l'acte. Art. 31 de la même loi.

VENTES de *Domaines de l'Etat.*

Elles sont assujetties au droit de 2 pour 100. Lois des 26 vendémiaire an 7 et 16 floréal an 10.

VÉRIFICATION de *Créances.*

1. Les procès-verbaux de vérification de créance opèrent le droit fixe de 3 ou de 5 fr. , selon qu'ils émanent du greffe d'un tribunal de première instance ou d'une Cour royale. Art. 44 et 45 de la loi de 1816.

2. Ce seul droit est exigible quel que soit le nombre des séances employées.

3. On peut procéder à la vérification de créances

sur un *failli*, sans que les titres représentés aient été préalablement enregistrés. Déc. du Min. des fin. du 28 juin 1808.

VISA. Formalité prescrite pour constater l'existence ou la date d'un acte, ou pour rendre exécutoire une contrainte.

1. Le visa du juge de paix, sur des pièces préalables à l'exercice de la contrainte par corps, doit le droit fixe de 1 fr. Art. 68, §. 1 de la loi de frimaire.

2. Le visa des contraintes décernées par les employés de l'enregistrement est exempt de la formalité.

3. Il en est de même des visa qui sont donnés sur des actes d'huissiers, en exécution des Codes civil et de procédure, par les Maires, les Juges de paix, les Procureurs du Roi, etc.

4. Les répertoires des officiers publics doivent être soumis au visa des receveurs de l'enregistrement dans les dix premiers jours qui suivent l'expiration de chaque trimestre, à peine d'une amende de 10 fr. pour chaque décade de retard. Art. 51 de la loi de frimaire.

VISA *pour timbre*. Mention faite par un préposé de l'administration de l'enregistrement, en tête d'un écrit ou de papiers destinés à certains actes, pour tenir lieu de l'empreinte du timbre.

1. Les particuliers qui veulent faire des effets négociables au-dessus de 20,000 fr., sont tenus de présenter les papiers qu'ils y destinent, au receveur de l'enregistrement, et de les faire viser pour timbre. Art. 11 de la loi du 13 brumaire an 7. Ils ont à payer un droit, à raison de 70 cent. par 1000 fr. sans fraction. Même art., et art. 64 de la loi de 1816.

Pour les effets négociables venant de l'étranger. V. *Effets négociables.*

2. Les écritures privées, faites sur papier non timbré, *sans contravention aux lois du timbre*, même les actes sous signature privée, d'une date antérieure au premier avril 1791, les actes passés en pays étranger,

10.

et ceux faits dans les îles et colonies françaises où le timbre n'aurait point encore été établi , ne peuvent être produits en justice ou devant toute autre autorité constituée , sans avoir été préalablement soumis au timbre extraordinaire ou au visa pour timbre. Art. 13 et 30 de la loi du 13 brumaire an 7.

3. Les receveurs sont autorisés à viser pour timbre *en débet* les feuilles de papier destinées aux procès-verbaux des agens forestiers ; des agens des ponts et chaussées ; des gardes-champêtres des communes , hospices ou établissemens publics ; des gardes du génie ; des gendarmes , dans l'exercice de leurs fonctions ; aux procès-verbaux sur les contraventions en matière de grande voirie , dressés par les Maires , les ingénieurs des ponts et chaussées , ou autres ; enfin aux significations que les gardes forestiers font eux-mêmes de leurs procès-verbaux. V. *Procès-verbaux.*

4. Le visa pour timbre en débet est autorisé pour les actes judiciaires que la loi a soumis à l'enregistrement en débet. V. *Actes judiciaires.*

5. Le visa pour timbre des répertoires des porteurs de contraintes doit avoir lieu *gratis.* Déc. du Min. des fin. du 19 avril 1808.

6. On doit viser pour timbre *en débet* les feuilles destinées aux bordereaux d'inscription de créances appartenant à l'État , sauf le recouvrement du droit de timbre sur le grévé. Déc. du Min. des fin. du 2 ventose an 7.

7. Il en est de même des duplicata des quittances des droits d'inscriptions aux hypothèques , restés en suspens.

Visite *des lieux* (les jugemens portant homologation de). V. *Actes judiciaires* , nomb. 12 et 17.

Voirie (grande). V. *Procès-verbaux.*

Vue et *descente sur les lieux* (le jugement qui l'ordonne). V. *Actes judiciaires* , nomb. 8 , 12 et 17.

TARIFS

Du prix des Papiers timbrés de toutes les espèces, depuis la plus petite dimension.

1.° Papier de dimension, pour les Actes. *Art. 62 de la loi du 28 avril 1816.*

NOMBRE de feuilles.	DEMI-FEUILLE à 35 cent.		FEUILLE à 70 cent.		FEUILLE à 1f 25 cent.		FEUILLE à 1f 50 cent.		FEUILLE à 2 francs.	
1	»f	35c	»f	70c	1f	25c	1f	5oc	2f	»c
2	»	70	1	4o	2	5o	3	»	4	»
3	1	o5	2	10	3	75	4	5o	6	»
4	1	4o	2	8o	5	«	6	»	8	»
5	1	75	3	5o	6	25	7	5o	10	»
6	2	10	4	20	7	5o	9	»	12	»
7	2	45	4	90	8	75	10	5o	14	»
8	2	8o	5	6o	10	»	12	»	16	»
9	3	15	6	3o	11	25	13	5o	18	»
10	3	5o	7	»	12	5o	15	»	20	»
11	3	85	7	70	13	75	16	5o	22	»
12	4	20	8	4o	15	»	18	»	24	»
13	4	55	9	10	16	25	19	5o	26	»
14	4	90	9	8o	17	5o	21	»	28	»
15	5	25	10	5o	18	75	22	5o	3o	»
16	5	6o	11	20	20	»	24	»	32	»
17	5	95	11	90	21	25	25	5o	34	»
18	6	3o	12	6o	22	5o	27	»	36	»
19	6	65	13	3o	23	75	28	5o	38	»
20	7	»	14	»	25	»	3o	»	4o	»
21	7	35	14	70	26	25	31	5o	42	»
22	7	70	15	4o	27	5o	33	»	44	»
23	8	o5	16	10	28	75	34	5o	46	»
24	8	4o	16	8o	3o	»	36	»	48	»
25	8	75	17	5o	31	25	37	5o	5o	»
mains.										
2	17	5o	35	»	62	5o	75	»	100	»
3	26	25	52	5o	93	75	112	5o	150	«
4	35	»	70	»	125	»	150	»	200	«
5	43	75	87	5o	156	25	187	5o	250	»

2.º TIMBRE PROPORTIONNEL,

Pour les Billets simples, les Effets de commerce, Dépôts chez les Officiers publics, etc.

Article 64 de la Loi du 28 avril 1816.

NOMBRE	1000f. et au-dessous, 70 cent.	1000f. à 2000, 1f. 40c	2000f. à 3000, 2f. 10c	3000f. à 4000, 2f. 80c	4000f. à 5000, 3f. 50c	5000f. à 6000, 4f. 20c	6000f. à 7000, 4f. 90c	7000f. à 8000, 5f. 60c	8000f. à 9000, 6f. 30c	9000f. à 10000, 7f.
	f. c.	f. c.	f. c.	f. c.	f. c.	f. c.	f. c.	f. c.	f. c.	f.
1	« 70	1 40	2 10	2 80	3 50	4 20	4 90	5 60	6 30	7
2	1 40	2 80	4 20	5 60	7 »	8 40	9 80	11 20	12 60	14
3	2 10	4 20	6 30	8 40	10 50	12 60	14 70	16 80	18 90	21
4	2 80	5 60	8 40	11 20	14 »	16 80	19 60	22 40	25 20	28
5	3 50	7 »	10 50	14 »	17 50	21 »	24 50	28 »	31 50	35
6	4 20	8 40	12 60	16 80	21 »	25 20	29 40	33 60	37 80	42
7	4 90	9 80	14 70	19 60	24 50	29 40	34 30	39 20	44 10	49
8	5 60	11 20	16 80	22 40	28 »	33 60	39 20	44 80	50 40	56
9	6 30	12 60	18 90	25 20	31 50	37 80	44 10	50 40	56 70	63
10	7 »	14 »	21 »	28 »	35 »	42 »	49 »	56 »	63 »	70
11	7 70	15 40	23 10	30 80	38 50	46 20	53 90	61 60	69 30	77
12	8 40	16 80	25 20	33 60	42 »	50 40	58 80	67 20	75 60	84
13	9 10	18 20	27 30	36 40	45 50	54 60	63 70	72 80	81 90	91
14	9 80	19 60	29 40	39 20	49 »	58 80	68 60	78 40	88 20	98
15	10 50	21 »	31 50	42 »	52 50	63 »	73 50	84 »	94 50	105
16	11 20	22 40	33 60	44 80	56 »	67 20	78 40	89 60	100 80	112
17	11 90	23 80	35 70	47 60	59 50	71 40	83 30	95 20	107 10	119
18	12 60	25 20	37 80	50 40	63 »	75 60	88 20	100 80	113 40	126
19	13 30	26 60	39 90	53 20	66 50	79 80	93 10	106 40	119 70	133
20	14 »	28 »	42 »	56 »	70 »	84 »	98 »	112 »	126 »	140
21	14 70	29 40	44 10	58 80	73 50	88 20	102 90	117 60	132 30	147
22	15 40	30 80	46 20	61 60	77 »	92 40	107 80	123 20	138 60	154
23	16 10	32 20	48 30	64 40	80 50	96 60	112 70	128 80	144 90	161
24	16 80	33 60	50 40	67 20	84 »	100 80	117 60	134 40	151 20	168
25	17 50	35 »	52 50	70 »	87 50	105 »	122 50	140 »	157 50	175

	3.° AFFICHES. Article 65 de la loi du 28 avril 1816.		4.° JOURNAUX, MUSIQUE et OUVRAGE. Art. 70 de la loi du 28 avril 1816. (Décime maintenu).		5.° ANNONCES et AVIS. Art. 66 de la loi du 28 avril 1816.			
NOMBRE	Demi-feuille à 5 cent.	Feuille à 10 cent.	Demi-feuille à 3 cent.	Feuille à 5 cent.	quart de feuille ou carte à 1 cent.	Quart de feuille à 2 cent. ½	Demi-feuille à 5 cent.	Feuille à 10 cent.
1	»f 05c	»f 10c	»f 03c	»f 05c	»f 01c	»f 02 ½	»t 0.	»f 10c
2	» 10	» 20	» 06	» 10	» 02	» 05	» 10	» 20
3	». 15	» 30	» 09	» 15	» 03	» 07 ½	» 15	» 30
4	» 20	» 40	» 12	» 20	» 04	» 10	» 20	» 40
5	» 25	» 50	» 15	» 25	» 05	» 12 ½	» 25	» 50
6	» 30	» 60	» 18	» 30	» 06	» 15	» 30	» 60
7	» 35	» 70	» 21	» 35	» 07	» 17 ½	» 35	» 70
8	» 40	» 80	» 24	» 40	» 08	» 20	» 40	» 80
9	» 45	» 90	» 27	» 45	» 09	» 22 ½	» 45	» 90
10	» 50	1 »	» 30	» 50	» 10	» 25	» 50	1 00
11	» 55	1 10	» 33	» 55	» 11	» 27 ½	« 55	1 10
12	» 60	1 20	» 36	» 60	» 12	» 30	» 60	1 20
13	» 65	1 30	» 39	» 65	» 13	» 32 ½	» 65	1 30
14	» 70	1 40	» 42	» 70	» 14	» 35	» 70	1 40
15	» 75	1 50	» 45	» 75	» 15	» 37 ½	» 75	1 50
16	» 80	1 60	» 48	» 80	» 16	» 40	» 80	1 60
17	» 85	1 70	» 51	» 85	» 17	» 42 ½	» 85	1 70
18	» 90	1 80	» 54	» 90	» 18	» 45	» 90	1 80
19	» 95	1 90	» 57	» 95	» 19	» 47 ½	» 95	1 90
20	1 »	2 »	» 60	1 »	» 20	» 50	1 »	2 »
21	1 05	2 10	» 63	1 05	» 21	» 52 ½	1 05	2 10
22	1 10	2 20	» 66	1 10	» 22	» 55	1 10	2 20
23	1 15	2 30	» 69	1 15	» 23	» 57 ½	1 15	2 30
24	1 20	2 40	» 72	1 20	» 24	» 60	1 20	2 40
25	1 25	2 50	» 75	1 25	» 25	» 62 ½	1 25	2 50
50	2 50	5 »	1 50	2 50	« 50	1 25	2 50	5 »
75	3 75	7 50	2 25	3 75	» 75	1 87 ½	3 75	7 50
100	5 »	10 »	3 »	5 »	1 »	2 50	5 »	10 »

	6.° LIVRES DE COMMERCE, qui consistent en livre-journal et livre des inventaires. Art. 72 de la loi du 28 avril 1816. (Décime maintenu.)			7.° CATALOGUES et PROSPECTUS, Art. 70 de la loi du 28 avril 1816, et 2 de celle du 6 prairial an 7. (Décime maintenu).			
NOMBRE.	Petit ou moyen papier, à 20 cent. le feuillet.	Grand papier, à 30 cent. le feuillet.	supérieur à 50 cent. le feuillet.	½ feuille petit papier, à 3 cent.	Feuille petit papier, à 5 cent.	½ feuille au-dessus, à 4 cent.	Feuille au-dessus, à 8 cent.
1	»f 20c	»f 30c	»f 50c	»f 03c	»f 05c	»f 04c	»f 08c
2	» 40	» 60	1 »	» 06	» 10	» 08	» 16
3	» 60	» 90	1 50	» 09	» 15	» 12	» 24
4	» 80	1 20	2 »	» 12	» 20	» 16	» 32
5	1 »	1 50	2 50	» 15	» 25	» 20	» 40
6	1 20	1 80	3 »	» 18	» 30	» 24	» 48
7	1 40	2 10	3 50	» 21	» 35	» 28	» 56
8	1 60	2 40	4 »	» 24	» 40	» 32	» 64
9	1 80	2 70	4 50	» 27	» 45	» 36	» 72
10	2 »	3 »	5 »	« 30	» 50	» 40	» 80
11	2 20	3 30	5 50	» 33	» 55	» 44	» 88
12	2 40	3 60	6 »	» 36	» 60	» 48	» 96
13	2 60	3 90	6 50	» 39	» 65	» 52	1 04
14	2 80	4 20	7 »	» 42	» 70	» 56	1 12
15	3 »	4 50	7 50	» 45	» 75	» 60	1 20
16	3 20	4 80	8 »	» 48	» 80	» 64	1 28
17	3 40	5 10	8 50	» 51	» 85	» 68	1 36
18	3 60	5 40	9 »	» 54	» 90	» 72	1 44
19	3 80	5 70	9 50	» 57	» 95	» 76	1 52
20	4 »	6 »	10 »	» 60	1 »	» 80	1 60
21	4 20	6 30	10 50	» 63	1 05	» 84	1 68
22	4 40	6 60	11 »	» 66	1 10	» 88	1 76
23	4 60	6 90	11 50	» 69	1 15	» 92	1 84
24	4 80	7 20	12 »	» 72	1 20	» 96	1 92
25	5 »	7 50	12 50	» 75	1 25	1 »	2 «
50	10 »	15 »	25 »	1 50	2 50	2 »	4 »
75	15 »	22 50	37 50	2 25	3 75	3 »	6 »
100	20 »	30 »	50 »	3 »	5 »	4 »	8 »

F I N.

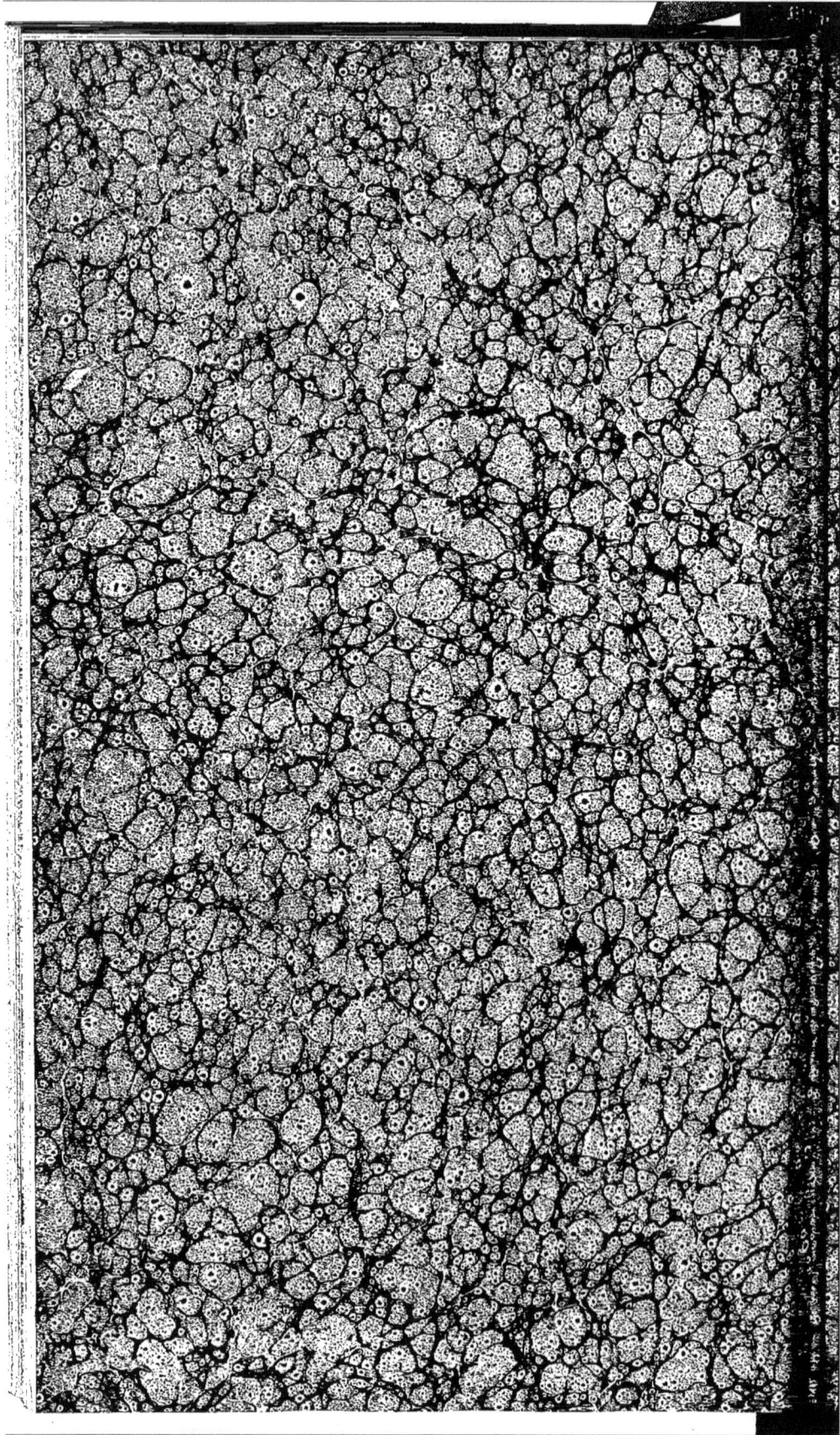

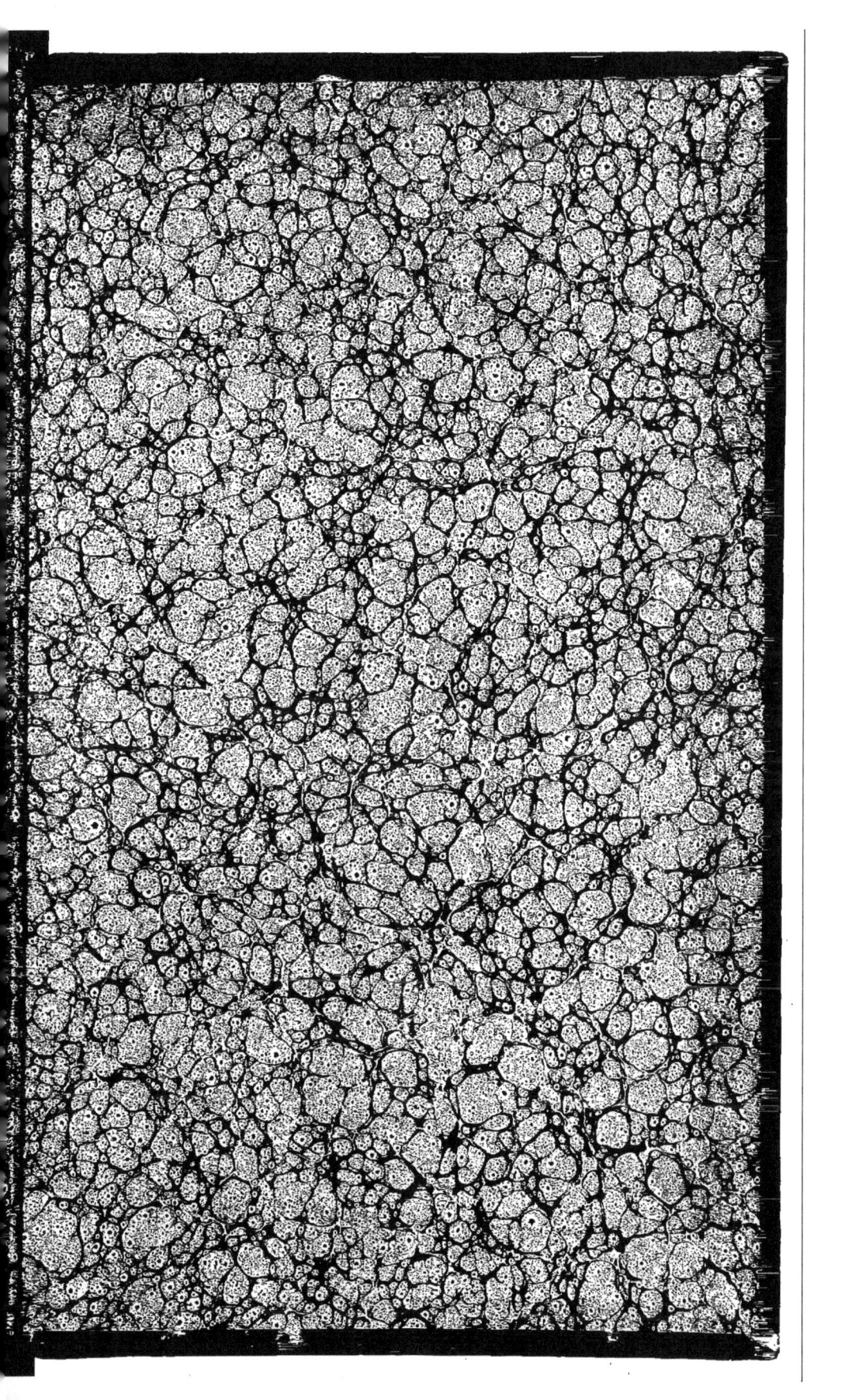

www.ingramcontent.com/pod-product-compliance
Lightning Source LLC
Chambersburg PA
CBHW050118210326
41519CB00015BA/4006